μετωνυμίες

AF186514

VI

Zum Buch: Der folgende Text führt in Richard Rortys politikphilosophisches Hauptwerk *Kontingenz, Ironie und Solidarität* aus dem Jahr 1989 ein und kommentiert es Kapitel für Kapitel. Dabei geht es sowohl um die Zusammenhänge, die Rorty selber herstellt, als auch um jene, die sich in der politischen Philosophie anbieten. Rorty situiert seine liberale Utopie zwischen Habermas und Foucault. Doch er nimmt die politische Wende der postmodernen Philosophie noch nicht wahr, so dass er Perspektiven der Solidarität eher am Universalismus und am Kommunitarismus orientiert, von denen ihn jedoch sein Kontingenzbewusstsein trennt. Trotzdem verbleibt sein Demokratieverständnis in einer etatistischen liberalen Perspektive, nimmt er auch die emanzipatorischen Bewegungen seiner Zeit nicht als wesentliche politische wie soziale Anstöße wahr. Wiewohl er die Bürgerin kommunitarisch einbindet, eröffnet sein solidarischer Individualismus jedoch begriffliche Möglichkeiten für das Verständnis von Emanzipations- und Involutionsprozessen, die seit über 50 Jahren nicht nur die westliche Welt durch außerinstitutionelle politische Teilhabe liberalisiert, entdiskriminiert und ökologisiert haben.

.

Hans-Martin Schönherr-Mann, Prof. für Politische Philosophie an der LMU München, seit 2004 regelmäßiger Gastprof. an der Fak. für Bildungswissenschaften der Universität Innsbruck.
Aktuelle Bücher: *Dekonstruktion als Gerechtigkeit – Jacques Derridas Staatsverständnis und politische Philosophie*, Nomos 2019; *Michel Foucault als politischer Philosoph*, Innsbruck University Press 2018; *Involution oder Revolution – Vorlesungen über Medien ‚Bildung und Politik' an der Univ. Innsbruck*, BoD 2017; *Das Blau des Sprachspiels – Wittgenstein und die politische Philosophie*, BoD 2017; *Untergangsprophet und Lebenskünstlerin – Über die Ökologisierung der Welt*, Matthes & Seitz Berlin 2015; *Albert Camus als politischer Philosoph*, IUP 2015; *Was ist politische Philosophie*, Campus Studium 2012; *Die Macht der Verantwortung*, Karl Alber – Hinblick 2010; *Der Übermensch als Lebenskünstlerin – Nietzsche, Foucault und die Ethik*, MSB 2009; *Simone de Beauvoir und das andere Geschlecht*, dtv 2007; *Hannah Arendt – Wahrheit, Macht, Moral*, C.H. Beck 2006; *Sartre – Philosophie als Lebensform*, C.H. Beck 2005.

Hans-Martin Schönherr-Mann

Richard Rortys
politische Philosophie

ERLÄUTERUNGEN ZU
KONTINGENZ, IRONIE UND
SOLIDARITÄT

μετωνυμίες
VI

Bibliografische Information der Deutschen Nationalbibliothek: Die
Deutsche Nationalbibliothek verzeichnet diese Publikation in der
Deutschen Nationalbibliografie; detaillierte bibliografische Daten sind
im Internet über dnb.dnb.de abrufbar.

© 2019 Hans-Martin Schönherr-Mann
Herstellung und Verlag:
BoD – Books on Demand, Norderstedt

ISBN 978-3-7504-2290-2

Für Irmi

Inhalt

Vorwort   9

Einleitung
Liberalismus und Populismus   13

Kontingenz und politische Philosophie   21

Auf dem ironischen Weg in die kontigente Solidarität   31

Über den *ersten Teil*

Die Kontingenz von Gesellschaften als Abschied
von historischen Notwendigkeiten   49

Zum *ersten Kapitel*
Sprachen der Kontingenz   55

Zum *zweiten Kapitel*
Das Selbst zwischen Kant und Freud   73

Zum *dritten Kapitel*
Politik der Kontingenz   83

Über den *zweiten Teil*

Kritik an Ironie und Philosophie   99

Zum *vierten Kapitel*
Ironischer Liberalismus und Solidarität   101

Zum *fünften Kapitel*
Liberalismus und Individualismus   117

Zum *sechsten Kapitel*
Dekonstruktion als ironistische Spielerei   125

Über den *dritten Teil*

Solidarität oder Grausamkeit 133

Zum *siebten Kapitel*
Nabokovs private Grausamkeiten 135

Zum *achten Kapitel*
Die öffentliche Grausamkeit des Intellektuellen 141

Zum *neunten Kapitel*
Kontingente oder ironisierte Solidarität 149

Überblicke

Ausschlüsse, Anschlüsse, Verschiebungen 161

Einwände und Fragen
Objektivismus, Anthropologie und Kontingenz 163

Verschiebungen I
Skeptizismus und Verantwortung 175

Verschiebungen II
Gewaltenteilung und Involution 181

Literaturverzeichnis 187
Personenregister 197

> „Doch wenn wir (. . .) uns mit Er-
> zählungen zufriedengeben, die den
> kontingenten Gegebenheiten des
> individuellen Lebens entsprechend
> ad hoc zurechtgestutzt werden,
> werden wir womöglich eine ba-
> consche Kultur gutheißen, die von
> ‚dem reichen Ästheten, dem Mana-
> ger und dem Therapeuten' domi-
> niert wird, was zwar nicht unbe-
> dingt das Endziel des menschlichen
> Fortschritts zu sein braucht, aber
> zumindest eine erhebliche Verbes-
> serung ist gegenüber Kulturen, die
> etwa vom Krieger oder Priester be-
> herrscht werden."
> (*Solidarität oder Objektivität?*)

VORWORT

Beim vorliegenden Text handelt es sich um die weiter ausgearbeitete Grundfassung eines Bei-trages für ein Handbuch über Richard Rorty. Doch dem Herausgeber missfiel der Text und er verlangte von mir zahlreiche Änderungen, denen obendrein noch meine eigenen Erläute-rungen zum Opfer fallen sollten. Nein, dachte ich mir, als Ghostwriter zu agieren, dafür habe ich nicht studiert.

Im Gegenteil ergänzt ein Text über Rorty gut mein Programm existentialistischer, postmo-derner sowie sprachphilosophisch begründe-ter, also linguistischer politischer Philosophie,

9

das in mein Projekt einer Genealogie der Zivilgesellschaft unter dem Begriff der *Involution*
mündet. Dabei geht es um die außerinstitutionelle politische Teilhabe selbstbewusster Bürgerinnen, die sich seit Jahrzehnten jeder Form
der Diskriminierung widersetzen.

Rorty ist sicherlich einer der wichtigen politischen Denker, die zu einer linguistischen
Wende in der politischen Philosophie im 20.
Jahrhundert massgeblich beigetragen haben.
Daher verdiente er eine umfänglichere philosophische Auseinandersetzung als diese hier vorliegende knappe. Das werde ich auch zu einem
späteren Zeitpunkt nachholen.

Dieser Text führt dagegen primär in sein politikphilosophisches Hauptwerk *Kontingenz,
Ironie und Solidarität* ein, und zwar gemäß der
darin enthaltenen Kapitelfolge, so dass meine
Erläuterungen hoffentlich hilfreich sind, nicht
unbedingt um Rorty besser verstehen, aber um
sein Werk genauer einordnen zu können. Und
selbstredend wirft das auch ein Licht auf die
linguistische politische Philosophie und auf
meine Analyse der Emanzipationsbewegungen.

Denn Rorty gehört nicht zu den schwierigs-
ten Theoretikern, so dass man einwenden
könnte, dass eine solche Kommentierung doch
eigentlich nicht nötig ist. Daher versuche ich
dabei Rortys Buch in den weiteren Zusammenhang der politischen Philosophie einzu-

ordnen, so dass die Leserin Bezüge kennenlernt, die Rorty selbst nicht explizit macht oder an die er auch gar nicht dachte.

Natürlich geht es damit um die politische Philosophie der Gegenwart und den Beitrag, den Rorty dazu leistet. Zu meinem *Projekt Involution* liegt er sicherlich etwas schräg, handelt es sich bei Rorty doch um einen Vertreter von Top-down-Prozessen, während das *Projekt Involution* gerade Bottom-up-Impulse in den Blick nimmt. Andererseits avanciert er zu einem Verfechter der Zivilgesellschaft und er betont die Relevanz der Privatheit, die ich wiederum im *Projekt Involution* gegen und hoffentlich doch auch mit Rorty an die Politik rückkoppele.

EINLEITUNG
LIBERALISMUS UND POPULISMUS

Die politische Landschaft hat sich seit den philosophischen Lebzeiten Richard Rortys (1931-2007) gehörig gewandelt. *Kontingenz, Ironie und Solidarität* erscheint 1989, ist in dieses somit die Wende in Osteuropa und der Niedergang des europäischen Realsozialismus noch nicht eingegangen. Als es geschrieben wurde, stand der Liberalismus unter dem Druck eines neoliberal orientierten Konservatismus, den Ronald Reagan und Margret Thatcher prägten. Während der Thatcherismus primär die Macht der Gewerkschaften bekämpfte und den Sozialstaat abbaute, richtete sich der Zorn des konservativen, reaktionären, tief religiösen, an der traditionellen Familie orientierten Amerikas vor allem auf die Protagonistinnen des sozialen Wandels, die den gemeinsamen moralischen Grundkonsens zwischen Liberalen und Konservativen in den USA aufzulösen begannen. Nach einem wilden Vierteljahrhundert schreibt die Liberale Judith Shklar, von der Rorty ein zentrales liberales Prinzip lernte, noch 1984 ganz im Sinn jenes damals schon verblassten Grundkonsenses wider Hippies, andere Aussteiger und linke Kritiker: „So zu tun, als würde Geld keine Bedeutung haben, heißt, eine kränkende Verachtung für nachbarliche Werte an den Tag zu legen."[1]

Die diversen Emanzipationsbestrebungen der sechziger und siebziger Jahre – die Bürgerrechtsbewegung, die Achtundsechziger mit ihrem Kampf gegen Vietnam-Krieg und Militarismus, die Hippies, die andere Lebensformen probierten und vor allem die Frauenbewegung führten zu einer tiefen sozialen Spaltung, die ihre letzten Nachwehen in der Wahl von Trump zum US-Präsidenten hatte, wenn die Populisten zurück vor die Kennedy-Ära wollen. Dass die neuen bundesrepublikanischen Rechtsradikalen 2019 bei Landtagswahlen gewisse Erfolge feierten, bedeutet in dieser Hinsicht wenig, hat man in Ostdeutschland von Emanzipationsbewegungen nicht so viel wie im Westen miterlebt. Die Bürgerbewegung in der DDR, die zum Mauerfall beitrug, war wie ihr politischer Gegner kommunitarisch und nicht individualistisch ausgerichtet.

So teilen sich politische und soziale Welt auf der einen Seite der Front in die Tradition der Autorität, die Politik am liebsten mit Carl Schmitt am Ausnahmezustand orientieren

---

[1] Judith Shklar, Ganz normale Laster (1984), Berlin 2014, 139

würde, d.h. dem Volk endlich die Stimme des weisen Führers zu geben, was die Diskriminierung zur Technik des Politischen erhebt. Und auf der anderen Seite in eine Zivilgesellschaft, wenn politisch aktive Bürgerinnen seither ihre eigenen Interessen in die Politik einbringen, an der sie teilhaben wollen, an der aber gerade auch jene teilhaben sollen, die von ihr ausgeschlossen sind, deren primäre ethische Orientierung daher das Diskriminierungsverbot ist. Darin besteht der strukturelle Unterschied zwischen der Zivilgesellschaft mündiger Bürgerinnen und einem unterwürfigen, womöglich ethnisch definierten Volk.

Und Rorty empfiehlt dabei den Liberalen und damit der heutigen Zivilgesellschaft: „Wir müssen darauf pochen, dass man nicht auf jedes Argument in der Terminologie eingehen kann, in der es präsentiert wird. Entgegenkommen und Toleranz dürfen nicht so weit gehen, dass man sich bereit erklärt, in jeder Terminologie zu formulieren, die der Gesprächspartner zu verwenden wünscht, und jedes Thema ernst zu nehmen, dessen Diskussion er vorschlägt."[1] Damit formuliert sich auch eine heutige Kritik an der liberalen Presse: Man sollte überhaupt nicht auf die Themen eingehen, die von rechtsradikalen Populisten

---

[1] Richard Rorty, Solidarität oder Objektivität? Drei philosophische Essays (1983/4), Stuttgart 1988, 102

oder auch von religiös orientierten Fundamentalisten in die öffentliche Debatte getragen werden, die man dadurch nämlich ernst nimmt und letztlich damit indirekt stärkt. Diskriminierung wird nicht durch die Meinungsfreiheit legitimiert, verletzt im Gegenteil die Menschenwürde und verstößt somit gegen den unaufhebbaren Art 1 des Grundgesetzes.

Rorty ist hier realistischer als jene linken Intellektuellen, die nicht nur die Wähler der rechtsradikalen Populisten verstehen, sondern in mancher Hinsicht letztere selbst. Wie bemerkt doch Slavoj Žižek, der 2017 die liberalen demokratischen Staaten kritisiert: „Die Populisten haben die Irrationalität jenes rationalen Ansatzes durchaus richtig erkannt, ihre Wut auf gesichtslose Institutionen, die in nicht transparenter Weise ihr Leben regulieren, ist vollkommen berechtigt"[1], womit Žižek mangelndes Differenzierungsvermögen demonstriert.

Während Rorty in jenen Jahren die Liberalismus-Dämmerung von rechts schon miterlebte, richtet sich sein politikphilosophisches Hauptwerk eher noch gegen die Kritik von Links, der neuen Linken, der Neomarxisten,

---

[1] Slavoj Žižek, Die populistische Versuchung; in: Heinrich Geiselberger (Hrsg.), Die große Regression – Eine internationale Debatte über die geistige Situation der Zeit, Berlin 2017, 306

denen gegenüber er die liberale Welt des US-amerikanischen Kapitalismus verteidigt, die auch allemal attraktiver ist als dazu angebotene Alternativen, was linke Kritiker gemeinhin anders sehen – rechte sowieso, denen man aber nach Rorty argumentativ nicht entgegenkommen muss.

Trotzdem bleibt seine Position durchaus aktuell, gerade wenn sich heute eine bunte emanzipatorische Zivilgesellschaft, deren großes Thema die Klima-Debatte ist – man denke an *Fridays for Future* –, und eine diskriminierende populistische Rechte gegenüberstehen, deren erklärter Feind die Liberalisierungstendenzen seit der zweiten Hälfte des 20. Jahrhunderts sind.

Diese wiederbelebte Rechte – in den USA war sie nie eingeschlafen – lehnt Moral in der Politik ab bis auf diejenige der Unterordnung der Untertanen, will die Demokratie genauso abbauen wie die globale Kooperation. Sie möchte wieder in eine Gesellschaftsstruktur zurück, wie sie in den USA bis nach dem zweiten Weltkrieg vorherrschte, die von autoritären Werten der Hierarchie, der Religion und der Familie bestimmt wurde, in der dann die Abtreibung und am Ende noch die Pille verboten würden.

Dem steht Rortys liberale Utopie nach wie vor diametral entgegen, wenn er 1991 schreibt:

„In einem (. . .) <liberalen> Utopia käme niemand auf den Gedanken, es gebe etwas Wirklicheres als Lust oder Schmerz, oder auf den Gedanken, uns sei eine Pflicht auferlegt, die das Streben nach Glück transzendiert. Ein demokratisches Utopia wäre eine Gemeinschaft, in der nicht die Suche nach der Wahrheit, sondern Toleranz und Neugier als intellektuelle Kardinaltugenden gelten. Dies wäre eine Gemeinschaft, in der es nichts gäbe, was auch nur entfernt einer Staatsreligion oder einer Staatsphilosophie gleichkäme."[1]

Das heißt natürlich nicht, dass es keine gemeinsamen relativen Wahrheiten gibt, die indes nichts mit dem zu tun haben, was der Rechtsradikalismus propagiert. Deren Thesen sollte man denn auch als schlichten Quatsch auf sich beruhen lassen, da sie sich – Faschismus 2.0 – nur auf eine krude Metaphysik stützt, die in jeder Hinsicht dem heutigen Stand des philosophischen und naturwissenschaftlichen Wissens widerspricht. Selbstredend muss man gegenüber Diskriminierern jedoch höflich bleiben, also auf das offene Wort verzichten, das diese ihrerseits ja fleißig propagieren. Wie bemerkte doch Roland Barthes: „Wie viele Male haben wir es im Leben mit ‚offenherzigen' Leuten zu tun (das heißt solchen,

---

[1] Richard Rorty, Eine Kultur ohne Zentrum – Vier philosophische Essays (1991), Stuttgart 1993, 89f

die sich ihrer ‚Offenheit' rühmen): Gewöhnlich kündigt das Wort eine kleine ‚Aggression' an: Man nimmt sich die Freiheit, taktlos zu sein (mangelndes Zartgefühl). Schlimmer ist jedoch an der Offenheit, dass sie im allgemeinen das Tor zur Dummheit aufstößt, und zwar sperrangelweit. Mir erscheint es schwierig, dem Satz ‚Ich will offen sein' etwas andres folgen zu lassen als einen törichten Satz."[1]

Wiewohl Rorty das Individuum in die Gesellschaft integriert, so vertritt er doch einen individuellen Hedonismus. Das Individuum orientiert sich an sich selbst, dient nicht dem Staat, nicht der Nation, nicht dem ethnischen Volk und erst recht keinem Gott oder gar einer Rasse – man denke an Pudel. Es gibt keine derartigen höheren Pflichten, es sei denn man wählt sie privat und freiwillig und versucht nicht, sie anderen zu oktroyieren. Der Staat darf dergleichen von seinen Bürgern auch nicht verlangen, darf ihnen weder die Religion noch eine Philosophie vorschreiben. Mit dem Rechtspopulismus gewinnt Rortys Verteidigung des Liberalismus somit eine neue Relevanz.

Denn die liberale Demokratie muss entschlossen verteidigt werden. Rorty beruft sich auf Joseph Schumpeter, der darauf insistiert: „Die Einsicht, dass die Geltung der eigenen

---

[1] Roland Barthes, Das Neutrum (1977-78), Frankfurt/M. 2005, 60

Überzeugungen nur relativ ist, und dennoch unerschrocken für sie einzustehen, unterscheidet den zivilisierten Menschen vom Barbaren."[1] (zit. KIS 87)

---

[1] Zit. in: Richard Rorty, Kontingenz, Ironie und Solidarität (1989), 2. Aufl. Frankfurt/M. 1993, 47 (im weiteren abgekürzt: KIS)

KONTINGENZ UND POLITISCHE PHILO-SOPHIE

Ist Richard Rorty ein politischer Philosoph? Sicher nicht im Sinn von Leo Strauss oder Carl Schmitt. Aber im Sinn von John Rawls? Ich will hier nicht die Frage im Hinblick auf Rortys Gesamtwerk beantworten. Aber mit seinem zweiten Hauptwerk *Kontingenz, Ironie und Solidarität*, das 1989 erscheint, wendet sich Rorty explizit politikphilosophischen Fragen zu, mit denen er sich in seinem primär theoretisch orientierten Frühwerk zumeist nur indirekt befasst. Aus der Perspektive des politisch, sozial- und kulturphilosophisch ausgerichteten Spätwerks lassen sich dagegen auch im Frühwerk politikphilosophische Fragestellungen eruieren.

Leo Strauss unterscheidet innerhalb der politischen Philosophie die klassisch antike von der modernen. Ersterer geht es um die großen Themen der Politik wie der Gesellschaft. Strauss schreibt 1959 in seinem programmatischen Aufsatz *What is Political Philosophy?* die doch diskriminierenden Worte: „Das Thema der politischen Philosophie sind die großen

Ziele der Menschheit, Freiheit und Regierung oder Herrschaft, Themen die fähig sind, alle Menschen aus ihrem ärmlichen Selbst zu erheben."[1] Damit stellt sich Strauss auf den Standpunkt politischer und ökonomischer Eliten und entwertet das Leben anderer Menschen, die sich den Eliten unterwerfen und auf eigene Interessen verzichten sollen, da sie nicht in der Lage sind, sich selbst zu regieren.

Die klassische politische Philosophie beschäftigt sich mit dem damals zentralen Thema der Politik, nämlich mit dem Guten, d.h. dem guten Leben, das nach Platon jenes Leben ist, das der jeweiligen Natur entspricht, also das naturgemäße Leben: Man denke hier bitte nicht an die Natur, sondern daran dass gemäß der Ständevorstellung Platons der Handwerker nun mal zum Handwerker taugt, aber nicht zum Philosophen oder König.

Daher steht Strauss als Platoniker der modernen politischen Philosophie skeptisch gegenüber, die die primäre Orientierung an der Frage nach dem Guten aufgibt, da sich dieses aus pluralistischer Perspektive nicht mehr verallgemeinern lässt. Stattdessen beschäftige man sich in liberaler Perspektive häufig nur mit dem Gerechten. Damit verläuft man sich für Strauss letztlich aber in diverse abseitige

---

[1] Leo Strauss, What is Political Philosophy? and other Studies, New York, London 1959, 10 (eigene Übersetzung)

Themen, so dass er der modernen politischen Philosophie attestiert, dass ihr ein gemeinsamer Grundzug mangelt.

Seit Marx und dem Marxismus verblasst denn auch die politische Philosophie, kümmert man sich seither primär um Sozialphilosophie. Vornehmlich in elitär konservativen Kreisen hält man dagegen an der politischen Philosophie fest, was Strauss mit seiner platonischen politischen Philosophie auf den Begriff zu bringen versucht.

Mit John Rawls' *A Theory of Justice* klinkt sich der Liberalismus 1971 wieder in diese Debatte ein, greift Rawls nicht nur auf die Vertragstheorien der Aufklärung zurück, sondern auch auf deren Ideen eines fiktiven Naturzustand, den er Urzustand nennt. Damit erhält die politische Philosophie im 20. Jahrhundert wieder eine liberale Handschrift.

Zwischenzeitlich wird aber sogar auch in den Reihen des Postmarxismus von politischer Philosophie gesprochen, beispielsweise bei Chantal Mouffe. Vor allem aber erlebte die politische Philosophie eine Renaissance in poststrukturalistischen und postmodernen Kreisen, die man von postmarxistischen unterscheiden muss.

Foucault entwickelt in seinen letzten Vorlesungen 1983-84 politikphilosophische Neigungen. Vor allem begründet Jean-François

Lyotard 1983 eine sprachphilosophisch ausgerichtete politische Philosophie mit seinem grundlegenden Werk *Der Widerstreit*, in dem es heißt: „Das einzige unüberwindliche Hindernis, auf das die Hegemonie des ökonomischen Diskurses stößt, liegt in der Heterogenität der Satz-Regelsysteme und Diskursarten, liegt darin, dass es nicht ‚die Sprache' und nicht ‚das Sein' gibt, sondern Vorkommnisse. Das Hindernis besteht nicht im ‚Willen' der Menschen im einen oder anderen Sinne, sondern im Widerstreit"[1] der diversen Diskursarten, Sprachspiele, Fachsprachen oder Soziolekte, die miteinander nicht kompatibel sind. Dazu liefert auch Wittgenstein selbst wesentliche Anstöße und Hinweise für eine politische Philosophie.[2]

1989, also im Erscheinungsjahr von *Kontingenz, Ironie und Solidarität*, und 1990 transformiert Jacques Derrida mit seinen zwei Vorträgen unter dem Titel *Gesetzeskraft – Der ‚mystische Grund der Autorität'* sein Konzept der Dekonstruktion in die Frage nach Gerechtigkeit und Recht, das sich dabei natürlich auch sprachphilosophisch orientiert. Rorty, der schließlich mit dem Sammelband *The lin-*

---

[1] Jean-François Lyotard, Der Widerstreit (1983, Le Différend), München 1987, 299

[2] Vgl. Schönherr-Mann, Das Blau des Sprachspiels – Wittgenstein und die politische Philosophie – Vorlesungen am Geschwister-Scholl-Institut 2003/2004, BoD Norderstedt 2017

guistic Turn bekannt wurde, greift von vornherein auf die Sprachphilosophie des späten Wittgenstein zurück, die dann auch in seiner politischen Philosophie eine zentrale Rolle spielt. Vor diesem Hintergrund entsteht in den letzten Jahrzehnten eine *linguistische politische Philosophie*[1], zu der Rorty wesentlich beiträgt, obgleich er sich von der Postmoderne fleißig abgrenzt.

Mit einem der Hauptvertreter der postmodernen Philosophie, Gianni Vattimo aus Turin, der den Ansatz eines *schwachen Denkens* vertritt, wonach Fortschritt nicht Stärkung und Verbesserung des Denkens heißt, sondern zunehmende Einsichten in dessen Schwäche, führte Rorty einen Disput über die Bedeutung der Religion. Denn Vattimo bekennt sich zum Christentum, allerdings in einer Variante, vor der sich manche Fromme genauso gruseln könnten, wie einst vor Bertrand Russell, der 1927 in seinem berühmten Vortrag *Warum ich kein Christ bin* über die Begriffe Gott und Unsterblichkeit bemerkt: „Wenn Sie an diese beiden Begriffe nicht glauben, so können Sie sich

---

[1] Vgl. Schönherr-Mann, Was ist politische Philosophie, Frankfurt, New York 2012: darin das vierte Kapitel „Linguistische politische Philosophie", 138-177

strenggenommen nicht einen Christen nennen."[1]

Umgekehrt könnten Atheisten über Rortys Desinteresse entsetzt sein: „Philosophen, die nicht in die Kirche gehen, neigen heute seltener dazu, von sich selbst zu sagen, sie seien überzeugt, es geben keinen Gott. Eher neigen sie dazu, Formulierengen wie die von Max Weber zu gebrauchen, der sich als ‚religiös unmusikalisch' beschrieb. Man kann in religiösen Dingen stocktaub sein, so, wie einem jeglicher Sinn vor dem Zauber der Musik abgehen kann. Wer für die Frage, ob Gott existiert, einfach kein Interesse aufbringt, hat kein Recht, diejenigen zu verachten, die leidenschaftlich von seiner Existenz überzeugt sind oder diese mit gleicher Leidenschaft bestreiten."[2] Man könnte ergänzen, dass man sich ja auch nicht für Fussball interessieren muss.

Damit kommt Rorty Vattimo zwar einen Schritt entgegen. Trotzdem antwortet ihm Vattimo: „Sobald wir versuchen, unserer existentiellen Situation Rechnung zu tragen, die nie generisch und metaphysisch, sondern immer geschichtlich und konkret ist, stellen wir fest,

---

[1] Bertrand Russell, Warum ich kein Christ bin (1927), Hamburg 1963, 18

[2] Richard Rorty, Antiklerikalismus und Atheismus; in: ders., Gianni Vattimo: Die Zukunft der Religion, hrsg. v. Santiago Zabala, Frankfurt/M. 2006, 34

dass wir uns nicht außerhalb der durch Christi Verkündigung eröffneten Tradition ansiedeln können."[1] Dagegen hält Rorty das Christentum für keinen derart entscheidenden Eingriff, dass man nach ihm eine neue Zeitrechnung brauchen würde. Aufklärung und Französische Revolution spielen eine wichtigere Rolle, was aus heutiger Perspektive sich zu bestätigen scheint, wenn die moderne Technik das Leben der meisten Menschen in der westlichen Welt nachhaltiger prägt als die Religionen. Für Islamismus, extremen Christianismus oder Rechtsradikalismus sind denn auch gerade Säkularisierungs- und Individualisierungsprozesse die Hauptfeinde, die in der modernen Welt die Religion wie den Nationalismus massiv schwächen.

Wenn sich Richard Rorty auf die Aufklärung beruft, vermeidet er einen neuen Vernunftglauben, der ihm sagt, wie die Welt wirklich beschaffen ist. Auch die Naturwissenschaften interpretieren die Natur und eröffnen keineswegs Einsicht in deren wahres Wesen. Just einen solchen weit verbreiteten Nihilismus, der objektive Wahrheit dementiert, verbindet Vattimo mit dem Christentum. Damit erhält das *schwache Denken* eine weitere Perspektive: „Kann man wirklich behaupten, wie es mir

---

[1] Gianni Vattimo, Das Zeitalter der Interpretation; in: ebd., 62

notwendig scheint, dass der postmoderne Nihilismus die aktuelle Wahrheit des Christentums darstellt? (. .) Es ist keineswegs absurd zu behaupten, dass der von Nietzsche ausgerufene Tod Gottes in vieler Hinsicht dem Tod Christi am Kreuz entspricht, von dem die Evangelien erzählen. (. .) Vielmehr möchte ich behaupten, dass die Hermeneutik in ihrem radikalsten Sinn, wie er in Nietzsches Feststellung und Heideggers Ontologie zum Ausdruck kommt, die Entwicklung und Ausreifung der christlichen Botschaft ist."[1]

Dass diese Interpretation des Christentums allerdings ein ordentliches Glaubensbekenntnis darstellt, das bezweifelt Rorty. Vattimos „Antwort auf die Frage ‚Glauben Sie jetzt wieder an Gott?' läuft darauf hinaus zu sagen: Ich stelle fest, dass ich immer religiöser werde, also muss ich wohl an Gott glauben. Meines Erachtens hätte Vattimo lieber sagen sollen: Ich werde immer religiöser und entwickle, was viele Menschen einen Glauben an Gott nennen würden, aber ich bin mir nicht sicher, ob der Begriff ‚Glaube' das, was ich habe, richtig beschreibt."[2]

---

[1] Gianni Vattimo, Das Zeitalter der Interpretation; in: Richard Rorty, Gianni Vattimo: Die Zukunft der Religion, Frankfurt/M. 2006, 54

[2] Richard Rorty, Antiklerikalismus und Atheismus; in: ebd., 39

Für Vattimo stellt Christus nicht nur die Menschwerdung, sondern auch die Schwächung Gottes dar, der damit darauf verzichtet, noch absolute Wahrheiten zu verkünden. Vattimo schreibt: „Rorty hat seine freundschaftliche Sympathie für meine Lesart der *Kénosis* (die Inkarnation als Verzicht Gottes auf die eigene Transzendenz) bekundet, ohne in ihr allerdings irgendeinen Grund zu sehen, sich dem Christentum näher zu fühlen. Nun meine ich (. . .), dass auch sein gegen jede ‚Fundamentalphilosophie' gerichtetes Denken – wie das von Nietzsche und Heidegger – nur deshalb möglich und als vernünftige These präsentierbar ist, weil wir in einer durch die biblische Botschaft spezifisch christlich geprägten Kultur leben."[1]

Wiewohl Richard Rorty diese These Vattimos nicht dementiert, stellt die Religion heute doch keine notwendige Orientierung mehr dar. Pflichten hat der Mensch gegenüber Gott heute keine mehr, sehr wohl aber gegenüber seinen Mitmenschen. Diese unterscheidet sich aber von der Religion. Dagegen insistiert Vattimo auf der christlichen Nächstenliebe. Rorty will die Religion im Gegensatz dazu privatisieren. Beide aber halten den missionarischen Geist für antidemokratisch, was sowohl für die Reli

---

[1] Gianni Vattimo, Das Zeitalter der Interpretation; in: ebd., 59

gion wie für die Philosophie gilt. Doch Rorty zählt Vattimo zu jenen Menschen, die mit Dankbarkeit an ihre religiösen Traditionen denken, während Rorty sich selbst einer Hoffnung auf demokratischen Fortschritt hingibt. Beide interessieren sich auch nicht dafür, ob Gott wirklich existiert. Eine solche Existenzbehauptung wie deren Dementi kann für beide nur eine Interpretation sein.

AUF DEM IRONISCHEN WEG IN DIE KONTINGENTE SOLIDARITÄT

Publizistisch eingeläutet wird diese politische Wende im Werk von Rorty bereits zwei Jahre vor *Kontingenz, Ironie und Solidarität* mit dem schmalen Band *Solidarität und Objektivität? Drei philosophische Essays.* In seinem frühen Hauptwerk *Der Spiegel der Natur* verabschiedet Rorty 1979 den Begriff einer objektiven Wahrheit zugunsten einer neopragmatischen Orientierung am Nutzen, wie ihn William James und John Dewey konzipiert haben. Rorty schreibt: „Für Heidegger, Sartre und Gadamer ist objektive Wissenschaft sehr wohl möglich und häufig verwirklicht – es gilt nur, gegen sie geltend zu machen, dass sie uns nicht mehr gibt als einige unter vielen Beschreibungsmöglichkeiten unserer selbst, und dass einige davon den Bildungsprozess hindern können."[1] Es geht Rorty also darum, den festen Glauben an naturwissenschaftliche Wahrheiten zu verab-

---

[1] Richard Rorty, Der Spiegel der Natur – Eine Kritik der Philosophie (1979), Frankfurt/M. 1987, 391

schieden, wiewohl das keineswegs bedeutet, diesen durch Ideologien oder Religionen zu ersetzen.

Im Gegenteil Rorty insistiert seinerseits darauf, dass es durchaus sinnvoll ist, sich auch der Naturwissenschaften zu bedienen. Denn er schreibt im Essay über Freud in *Solidarität oder Objektivität?* „Im Gegensatz dazu erzeugen Geschichten, die einem helfen, sich selbst mit gemeinschaftlichen Strömungen zu identifizieren, das Empfinden, eine Maschine zu sein, die mit einer größeren Maschine gekoppelt ist. Dieses Empfinden zu haben lohnt sich. Denn es trägt dazu bei, das existentialistische Gefühl der Kontingenz und Sterblichkeit mit einem romantischen Gefühl der Größe in Einklang zu bringen. Es hilft uns zu erkennen, dass das beste Verfahren, an sich selbst herumzumodeln, darin besteht, an etwas anderem herumzumodeln – und das ist eine mechanistische Ausdruckweise dafür, dass nur derjenige seine Seele retten wird, der sie verliert."[1] Mit diesem protestantischen Prinzip hält Rorty folglich durchaus am mechanistischen Denken fest, das in den Naturwissenschaften weit verbreitet ist. Gerade auf dieser Grundlage lässt sich das individuelle Leben gestalten, indem man durchaus technisch in die Umwelt eingreift.

---

[1] Richard Rorty, Solidarität oder Objektivität? Drei philosophische Essays (1983/4), Stuttgart 1988, 70

Durch das Hinausgehen aus sich selbst schafft sich die Zeitgenossin einen Lebensraum, in dem und durch den sie sich selbst entwirft und realisiert, ohne dass sie sich dazu auf religiöse Sinnangebote einlassen müsste. Vielmehr lebt sie selbstbewusst in einer Welt der Zufälle, der sich dadurch ein Sinn verleihen lässt, der sich innerweltlich genügt.

Objektives wissenschaftliches Wissen reicht dabei nicht. Vielmehr liefert es nur eine von vielen Grundlagen, um einzusehen, dass man nicht alleine lebt. So stellt Rorty in *Solidarität oder Objektivität?* dem Begriff der Objektivität den Begriff der Solidarität entgegen, verteidigt er den Liberalismus vor dem Vorwurf, dem Egoismus zu frönen. Er schreibt: „Nur wenn wir glauben, *Gründe* haben zu müssen, um romantisch zu leben, andere anständig zu behandeln oder unsererseits anständig behandelt zu werden, wird der Eindruck entstehen, wir würden unserer Menschenwürde beraubt durch diesen Vorschlag, unsere Geschichten über uns selbst müssten von Mechanismen ohne Zentrum handeln."[1]

Rorty unterscheidet sich von vielen Denkern seiner Zeit auch dadurch, dass er weder dem weit verbreiteten Pessimismus nachhängt, noch von apokalyptischen Visionen getrieben

---

[1] Ebd., 67

wird, die seit dem Ende des kalten Krieges Hochkonjunktur haben, als es noch wirklich gefährlich war, man diese übermäßigen Gefährdungen – die Atomkriegsdrohung – aber verdrängen musste.

Man hat zwar keine Gewissheit darüber, ob sich mit dem Liberalismus eine solidarische Gesellschaft entwickeln lässt. Aber mehr als das zu versuchen, kann man nicht tun, vor allem vor dem Hintergrund, dass die anderen Bemühungen gleichgültig welcher politischen oder religiösen Couleur dabei gnadenlos gescheitert sind. So schreibt er programmatisch im ersten Essay von *Solidarität oder Objektivität?*: „Ich habe (. . .) den Eindruck, dass der Pragmatismus keine Philosophie der Verzweiflung ist, sondern eine Philosophie der Solidarität."[1] Gemeinhin neigen gemeinschaftsorientierte Ideen zum Pessimismus, und zwar nicht ganz grundlos, lassen sie sich schließlich nicht verwirklichen – es sei denn durch den Einsatz massiver Gewalt, wie es rechtsradikales Denken vorführt – der Linksradikalismus spielt momentan eine periphere Rolle. Rorty geht dagegen die Gemeinschaftsorientierung pragmatisch an ohne idealistische Überhöhungen.

Im dritten Essay unter der Überschrift „Der Vorrang der Demokratie vor der Philosophie"

---

[1] Richard Rorty, Solidarität oder Objektivität? Drei philosophische Essays (1983/4), Stuttgart 1988, 31

entwickelt er ein Politikverständnis, das sich auf keine philosophischen Grundlagen berufen will. Damit schließt er an John Rawls Aufsatz „Justice as Fairness: Political not Metaphysical" aus dem Jahr 1985 an, der einen ähnlichen Gedanken entwickelt, welcher dann in Rawls Vorlesungen *Politischer Liberalismus* ausgearbeitet wird, die 1993 erscheinen. Rawls schreibt: „Die Philosophie, verstanden als Suche nach der Wahrheit einer unabhängigen metaphysischen und moralischen Ordnung, kann nach meiner Überzeugung in einer demokratischen Gesellschaft keine brauchbare gemeinsame Basis für eine politische Gerechtigkeitskonzeption bereitstellen."[1] Philosophische Prinzipien – gerade der ethische Universalismus, wie er von Habermas und Apel vertreten wird – liefert in einer politischen Praxis, in der unterschiedliche Auffassungen miteinander kooperieren sollen, kein tragfähiges Fundament, da sich dabei zumeist nicht alle Seiten ausreichend berücksichtigt fühlen.

Unter anderem mit diesem Konzept eines politischen und keines philosophisch begründeten Liberalismus reagiert Rawls auf die Kritik, die an *A Theory of Justice* seit ihrem Erscheinen 1971 geübt wurde und aus der her-

---

[1] John Rawls, Gerechtigkeit als Fairness – politisch nicht metaphysisch (1985); in: ders., Die Idee des politischen Liberalismus, Frankfurt/M. 1994, 264

aus sich die sogenannte Kommunitarismus-Debatte entwickelte, in die sich Rorty wiederum speziell mit diesen beiden Büchern, also *Solidarität und Objektivität* und *Kontingenz, Ironie und Solidarität*, einklinkt. Rawls gründet seine politische Philosophie zunächst auf liberale philosophische Grundsätze, wenn er 1971 schreibt: „Wir wollen nun eine Gesellschaft wohlgeordnet nennen, wenn sie nicht nur auf das Wohl ihrer Mitglieder zugeschnitten ist, sondern auch von einer gemeinsamen Gerechtigkeitsvorstellung wirksam gesteuert wird. Es handelt sich also um eine Gesellschaft, in der (1) jeder die gleichen Gerechtigkeitsgrundsätze anerkennt und weiß, dass das auch die anderen tun, und (2) die grundlegenden gesellschaftlichen Institutionen bekanntermaßen diesen Grundsätzen genügen."[1] Später sieht Rawls ein, dass sich diese Ideen einer liberalen Philosophie verdanken. Faktisch gibt es keine solche gemeinsame Gerechtigkeitsvorstellung. Politischer Platonismus wie Aristotelismus gleichgültig welcher Couleur, eher katholisch oder eher jüdisch, Henning Ottmann oder Leo Strauss, würden dem entgegenhalten, dass durch Rawls logisch konsequente Ableitung von Gerechtigkeitsgrundsätzen platonische wie aristotelische Argumente nicht mehr zur Gel-

---

[1] John Rawls, Eine Theorie der Gerechtigkeit (1971), Frankfurt/M. 1979, 21

tung kommen. Dabei brauche die Gerechtigkeit doch eine Vorstellung vom Guten, auf die sie zurückgeführt werden könnte, die das Fundament der Gerechtigkeit ist. Wenn man das Gute privatisiert, dann verliert die Gerechtigkeit ihre Grundlagen und wird relativ – ein Vorwurf, den auch Rorty nicht gerne hört. Letztlich betrifft er auch Rawls' späteren *Politischen Liberalismus*.

Die Kommunitarismus-Debatte wird indes weniger von Platonikern als von Aristotelikern dominiert, die dem Individuum gegenüber der Gemeinschaft eine individuelle Eigenständigkeit streitig machen. So schreibt Benjamin Barber: „Vernünftig sein, bedeutet also nicht, sein Selbst zu verleugnen, sondern es in ein Verhältnis zu Anderen zu setzen und ein Bewusstsein der eigenen Abhängigkeit vom bürgerlichen Gemeinwesen zu gewinnen.“[1] Darin zeigt sich die amerikanische Herkunft dieser Debatte, insistiert man in den USA viel häufiger als in Europa umgekehrt auf einer liberalen Unabhängigkeit des Individuums, die ihrerseits letztlich die Gegenreaktion auslöste. Wenn man in Europa so kommunitarisch argumentiert wie viele Kommunitarier – z.B. Amitai Etzioni – dann gerät man leicht in den Ruch einer Blockwart-Gesinnung.

---

[1] Benjamin Barber, Starke Demokratie (1984), Hamburg 1994, 114

Innerhalb der Diskussion zwischen *Kommunitarians* und *Libertarians* nimmt Rorty eine Mittelstellung ein, die der Position des späten Rawls vergleichsweise nahe kommt, der auf philosophische Begründungen der gemeinsamen Prinzipien verzichten will. Der Hauptvertreter der *Libertarians* Robert Nozick antwortet 1974 mit seinem Buch *Anarchy, State and Utopia* als einer der ersten ausführlich und programmatisch auf den frühen Rawls. Ähnlich wie Rawls geht er von einem Primat des Individuums gegenüber der Gemeinschaft aus. Anders als Rawls soll der Staat aber nur noch eine marginale Rolle spielen, vor allem von der distributiven Gerechtigkeit die Finger lassen, die Rawls in *A Theory of Justice* zwar nicht priorisiert, aber doch so hervorhebt, dass sein Liberalismus einen sozialdemokratischen Anstrich bekommt.

Die *Libertarians* unterscheiden sich in anarchische und konservative Strömungen, die beide vor allem eine massive Abneigung gegen staatliche Institutionen bis hin zur Demokratie entwickeln, wie beispielsweise bei Hans-Hermann Hoppe in dessen Buch aus dem Jahr 2003 *Demokratie. Der Gott, der keiner ist*: Hoppe würde die Monarchie der Demokratie vorziehen. Diskriminierung hält er für notwendig, um gegen soziale oder emanzipatorische Ansprüche vorzugehen, was in der Bundesrepublik der Position von Peter Sloterdijk ähnelt wenn dieser schreibt, „dass im modernen Wohlfahrts- und Umverteilungsstaat die Unproduktivität von der Spitze der Gesellschaft an die Basis umspringt – womit sich das nahezu vorbildlose Phänomen des parasitären Armen herausbildet."[1] So bestehen heute gewisse Verbindungen der *Libertarians* zur Tea Party-Bewegung und vor allem wie bei Sloterdijk zum rechten Populismus, der sich schließlich fleißig und ungeniert des Mittels der Diskriminierung bedient und die Diskriminierten, die sich davon betroffen fühlen, dafür sogar noch selber verantwortlich macht. Das geschieht gemäß der Ideologie, wenn z.B. sich Schwule dadurch diskriminiert fühlen, dass sie von Rassisten als pervers bezeichnet werden, dann sind sie selbst schuld an diesem Gefühl, schließlich *sind* sie für Rassisten pervers.

Nicht dass man Rorty eine Nähe zu den *Libertarians* nachsagen könnte, selbst wenn er 1997 in seinem Buch *Stolz auf unser Land – Die amerikanische Linke und der Patriotismus* die kulturelle Fundamentalkritik der US-amerikanischen Linken kritisiert, die knapp 20 Jahre später schließlich auch Emanzipationsbewegungen mit Neoliberalismus gleichsetzen wird und gewisse Sympathien mit dem Rechts-

---

[1] Peter Sloterdijk, Was geschah im 20. Jahrhundert? Unterwegs zu einer Kritik der extremistischen Vernunft, Berlin 2016, 124

populismus entwickelt. So versteht 2016 Nancy Fraser Trump-Wähler, die die neuen Sozialbewegungen ablehnen. Denn „die Vertreter der Emanzipationsbewegungen verbündeten sich mit den Partisanen des Finanzkapitalismus zum Angriff auf die sozialen Sicherungssysteme. Das Ergebnis ihres Team-ups war: der progressive Neoliberalismus."[1] Wahrscheinlich versteht Fraser auch Nixons schweigende Mehrheit, die sich ob ihrer Monogamie von den Hippies lächerlich gemacht fühlte. Schüler von Leo Strauss werden dann wenige Jahrzehnte später fordern, dass der Staat wieder die Schlafzimmer kontrolliere.

Dagegen steht Rorty gewissen Strömungen innerhalb des Kommunitarismus näher, der das Individuum in die Gemeinschaft einbinden möchte. Doch hier gibt es auch sehr unterschiedliche Positionen. Alasdair MacIntyre unterwirft das Individuum bei seiner Rawls-Kritik 1981 in *After Virtue* einer religiös konservativen Ordnung. Denn für ihn „bedeutet ein Mensch zu sein, eine Vielzahl Rollen einzunehmen, die alle ihr Ziel und ihren Zweck haben: Familienmitglied, Bürger, Soldat, Philo-

---

[1] Nancy Fraser, Vom Regen des progressiven Neoliberalismus in die Traufe des reaktionären Populismus; in: Heinrich Geiselberger (Hrsg.), Die große Regression – Eine internationale Debatte über die geistige Situation der Zeit, Berlin 2017, 82

soph, Diener Gottes."[1] Alle Bürger müssen dann die Pflichten der Familie, des Staates und der Religion auf sich nehmen, was Liberale weitgehend ablehnen.

Zweifellos näher steht Rorty dem kanadischen liberalen politischen Philosophen Charles Taylor, der dem Individuum ebenfalls abspricht, unabhängig von der Gesellschaft sein eigenes Leben alleine bestimmen zu können: „das Subjekt selbst kann in der Frage, ob es selbst frei ist, nicht die letzte Autorität sein, denn es kann nicht die oberste Autorität sein in der Frage, ob seine Bedürfnisse authentisch sind oder nicht, ob sie seine Zwecke zunichte machen oder nicht."[2]

Aber Rorty insistiert ähnlich wie Rawls darauf, dass die Gesellschaft Bedingungen schaffen muss, die dem Individuum dabei helfen, die kulturellen Vorteile auch zu nutzen, womit Rorty das Problem der Verteilungsgerechtigkeit aufwirft, allerdings tendenziell eher in der Richtung der Verbesserung von sozialen Chancen für die einzelnen, nicht im Stile von gewerkschaftlichen Forderungen nach distributiver Gleichheit.

---

[1] Alasdair MacIntyre, Verlust der Tugend – Zur moralischen Krise der Gegenwart (1981), Frankfurt/M. 1987, 85

[2] Charles Taylor, Negative Freiheit – Zur Kritik des neuzeitlichen Individualismus (1985), Frankfurt/M. 1988, 125

Während im Zentrum des Frühwerks die Auseinandersetzung mit der analytischen Philosophie steht, der gegenüber Rorty im Rückgriff auf John Dewey und den späten Wittgenstein eine neopragmatische Position entwickelt, orientieren sich seine beiden politikphilosophischen Werke stärker an der Kommunitarismus-Debatte, in die sie die neopragmatische Perspektive einbringen, womit Rorty doch erhebliches Aufsehen erregt hat. Schließlich ließ er sich auch nicht einfach als Postmoderner abtun.

Seine politische Philosophie reiht sich denn auch nirgends ordentlich ein, gar nicht bei den Konservativen, denen es primär um die Legitimierung staatlicher Gewalt geht, nicht bei den Linken, die statt politischer Philosophie lieber Sozialphilosophie betreiben, und auch nicht bei den Liberalen, die nach einer rationalen Grundlage des Rechts suchen. Indem er sich zwischen den Linken wie den Liberalen pragmatisch hin und her bewegt, entzieht er sich in liberaler Perspektive auch dem Kommunitarismus, wiewohl die Gemeinschaft für ihn doch ein wichtiger Orientierungspunkt für das Individuum bleibt.

Andererseits trennt Rorty zwar wie Rawls Politik und Privatheit, aber die liberale Privatisierung des Guten vollzieht er höchstens teilweise mit. Es geht Rorty auch um das gute, vielleicht sogar richtige Leben, über das der Kulturkritiker Theodor Adorno ja sein berühmtes Verdikt fällte: „Es gibt kein richtiges Leben im falschen."[1] Dem würde Rorty schwerlich zustimmen, ist für ihn das Leben in der westlichen Welt ja längst nicht immer unerfreulich, und zwar nicht nur dann, wenn man sich in Sack und Asche bewegt. Schuld- und Sündenbewusstsein, das sich heute jenseits der Religion sozial und ökologisch auflädt, ist Rortys Sache nicht. Auch wenn das gute Leben nicht unbedingt die Politik bestimmen soll, so gibt es zu ihr doch gewisse Affinitäten.

Die späteren Werke von Rorty entwickeln jenseits von *Stolz auf unser Land* eher kulturphilosophische Dimensionen, allen voran *Eine Kultur ohne Zentrum* aus dem Jahr 1991. Als umfängliches Werk mit auch einigen politikphilosophischen Ansätzen erscheint im amerikanischen Original 1998 *Wahrheit und Fortschritt.* Doch dabei handelt es sich um eine Sammlung von unterschiedlichen Texten, die Rorty zumeist in den frühen neunziger Jahren einzeln veröffentlichte.

Wahrheit und Fortschritt kündigt eine Auseinandersetzung mit der aktuellen Grundproblematik der Philosophie an. Hatten Marxismus

---

[1] Theodor W. Adorno, Minima Moralia – Reflexionen aus dem beschädigten Leben (1951), Gesammelte Schriften Bd. 4, Frankfurt/M. 1997, 43

und Positivismus gleichermaßen einen engen Zusammenhang zwischen dem sozialen und dem technisch naturwissenschaftlichen Fortschritt unterstellt, so dementierte nicht zuletzt die Postmoderne-Debatte seit den neunzehnhundertachtziger Jahren diesen Automatismus: Moderne Technik und Naturwissenschaften beruhen nicht auf gesichert wahren Erkenntnissen von der Wirklichkeit, sondern auf geschickter Machtentfaltung, Zerstörung und Ausbeutung. Ihr Wahrheitskriterium ist nach Jean-François Lyotard die Performanz, die sich in die „als Paralogie <der Erfinder> verstandenen Differenz"[1] reflektiert auflöst. Da sich keine allgemein beste Performanz ermitteln lässt, muss man sich in der Postmoderne mit den Widersprüchen von technischen Erfindungen zufrieden geben.

Soweit würde Rorty natürlich nicht gehen. Doch erscheint es fraglich, woraus die technische Entwicklung humanisierende Kräfte ziehen soll. Technischer Fortschritt heißt nur verbesserter Nutzen. Inwieweit das zu einer humaneren Gesellschaft führt, bleibt daher offen. Aber mehrheitlich möchten die Zeitgenossinnen darauf nicht verzichten. Vor diesem Hintergrund hält es Rorty „für besser, die Rolle von Wissenschaft und Technik im Anschluss

---

[1] Jean-François Lyotard, Das postmoderne Wissen (1979), 3. Aufl. Wien 1994, 173

an Dewey (. . .) explizit politisch zu begreifen. Die Welt (. . .) sollte man nicht ‚die wissenschaftlich-technische Welt' nennen, sondern es wäre besser, sie als ‚die demokratische Welt' zu kennzeichnen, bzw. als ‚die Welt, in der die Demokratie – in gewissem Maße dank wissenschaftlicher und technischer Entwicklungen – eine Möglichkeit geworden ist."[1] Oder wie es wiederum Lyotard formuliert: „Die Frage des Wissens ist im Zeitalter der Informatik mehr denn je die Frage der Regierung."[2] Bis heute übt die Technik einen immer größeren Einfluss auf die Politik aus, was trotzdem von der Politik zumeist geflissentlich übersehen wird. Lyotard fragt daher nach der Möglichkeit, unter postmodernen Bedingungen das soziale Band zu stabilisieren. Rorty hat die Effekte des Cyberspace auf die Politik in diesem Jahrzehnt nicht mehr miterlebt. Diese einzudämmen, stellt heute eine weitreichende politische und soziale Aufgabe dar, was nicht ohne Rückwirkungen auf die Demokratie bleiben wird.

Jürgen Habermas publizierte 1999 zum ähnlichen Thema eine größere Aufsatzsammlung unter dem Titel *Wahrheit und Rechtfertigung*, der zugleich auch der Titel seiner Rezen-

---

[1] Richard Rorty, Die Kontingenz der philosophischen Probleme; in: ders., Wahrheit und Fortschritt (1998), Frankfurt/M. 2000, 416

[2] Jean-François Lyotard, Das postmoderne Wissen, 35

sion von Rortys *Wahrheit und Fortschritt* ist. Diesem wirft Habermas vor, er bezweifle die rationale Verständigung über ethische Fragen. Habermas ist dagegen von einer solchen Verständigungsmöglichkeit überzeugt, da die Vernunft ihrem Wesen nach kommunikativ wirke, und zwar universell. Dass Verständigungsmöglichkeiten auf einer universellen rationalen Kraft beruhen, dem folgt Rorty aber auch in *Wahrheit und Fortschritt* nicht, obgleich er ansonsten Habermas schier umarmt, wenn er schreibt: „Unsere Erfahrungen mit demokratischer Politik haben uns Philosophen die Möglichkeit gegeben, unsere Vorstellung von ‚Vernunft' zu ändern und von der ‚subjektzentrierten Vernunft', wie sie bei Habermas heißt, zur ‚kommunikativen Vernunft' überzugehen. (. . .) dies ist ein Wandel, der uns die Frage ‚Welche meiner Begriffe, Unterscheidungen und Praktiken stehen in Beziehungen zum Realen?' untersagt und uns statt dessen zu der Frage veranlasst: ‚Inwieweit sind diese Begriffe, Unterscheidungen und Praktiken faktisch oder potentiell mir und anderen – und welchen anderen – Personen gemeinsam?'"[1] Zudem zählt Rorty Habermas zu den bedeutendsten Denkern des 20. Jahrhunderts – allerdings neben

---

[1] Richard Rorty, Die Kontingenz der philosophischen Probleme; in: ders., Wahrheit und Fortschritt (1998), Frankfurt/M. 2000, 417

Heidegger und Derrida – eine Gesellschaft, die ersterer nicht unbedingt schätzen wird.

Mit letzterem, den er doch eher für einen philosophischen Spieler hält, spielt er seinerseits ein zumindest nicht ganz unfreundliches Spiel, kokettiert er mit ihm sicherlich zum Ärgernis seiner Kollegen von der analytischen Philosophie. Aber als politischen Philosophen behandelt er ihn nicht, so dass er sich in besagten Kreisen nur gemäßigt und verschmerzbar den Ruf ankratzte. Manchen gilt er doch als Postmoderner, als Synkretist, als philosophisch zu leichtlebig. Nun ja, der Liberalismus hat heute wenig Freunde, wollen die Neoliberalen im Stil von Friedrich August von Hayek allemal nur die ökonomische Freiheit, nicht die ethische oder gar die politische. In dieser Hinsicht sind sie konservativ und hadern wie die Tea-Party mit Emanzipationsbewegungen.

ÜBER DEN *ERSTEN TEIL*

DIE KONTINGENZ VON GESELLSCHAF-
TEN ALS ABSCHIED VON HISTORISCHEN
NOTWENDIGKEITEN

Auch vor diesem Hintergrund avanciert Kon-
tingenz, Solidarität und Utopie zu Rortys poli-
tikphilosophischem Hauptwerk, nicht zuletzt
auch deshalb weil er darin systematisch unterschiedliche politisch relevante Thematiken
entfaltet.

So hebt das Buch im ersten von drei Teilen
mit dem Problem der Kontingenz an und behandelt in ebenfalls drei Kapiteln die Sprache,
das Selbst und das Gemeinwesen, also Probleme der theoretischen wie der praktischen
Philosophie bzw. damit theoretische Grundlagen der praktischen Philosophie. Das entspricht durchaus dem Aufbau der klassischen
wie der modernen politischen Philosophie,
wenn man dem Staat eine bestimmte Anthropologie oder Wissenschaftslehre zu Grunde
legt, die sowohl bei Aristoteles als auch bei

Hobbes gleichfalls eine sprachliche Dimension besitzt. Bei Rorty zieht sie freilich nicht notwendige, sondern zufällige Konsequenzen nach sich. Denn die Sprache ist weder göttlich gegeben, noch hat sie eine logische, rationale oder kommunikative Struktur, die dem Selbst Halt verleihen würde oder das Gemeinwesen in eine notwendige Tradition oder einen historischen Fortschritt einreihen.

Der zweite Teil, der ebenfalls wie auch der dritte wieder in sich dreigeteilt ist (lässt die Trinität grüßen?), trennt Politik von der Philosophie ab, die Rorty in den Bereich privater Lebensführung verschiebt und damit natürlich viel weiter als Rawls geht. Dabei setzt er sich vor allem mit der postmodernen Philosophie auseinander, die ja gerade seit den frühen achtziger Jahren Furore machte und von Linken, Marxisten, Vertretern der analytischen Philosophie wie auch von liberalen Fortschrittsfreunden vehement bekämpft wurde, weil sie deren Konzepte von Wahrheit, Fortschritt und ethischem Universalismus offenbar so wohlbegründet in Frage stellte, dass diese sich von dieser Erschütterung bis heute nicht mehr erholten. Umso aggressiver müssen sie sich noch heute gegen die Postmoderne zur Wehr setzen. Dem folgt Rorty nicht und darf daher als einer der ersten angesehen werden, der aus dem Lager der Gegner stammend der

Postmoderne doch eine gewisse Gerechtigkeit widerfahren lassen will. Zwar kommt er den Gegnern der Postmoderne entgegen, indem er die postmoderne Philosophie, die 1989 noch kaum als politische Philosophie wahrgenommen wurde, in den Bereich der Ästhetik und Kulturphilosophie abschiebt, um ihr damit einen unpolitischen Charakter zu attestieren. Adorno hätte widersprochen, aber diesem schenkt Rorty nur wenig Beachtung.

Zwar kann die postmoderne Philosophie durchaus dazu herhalten, die private Lebensführung zu ironisieren, doch sie formuliert zu viele skeptische und somit verunsichernde Ansprüche, die für Rorty politisch gefährlich werden können und vor denen man sich daher jedenfalls politisch hüten sollte. Skepsis gegenüber der liberalen politischen Ordnung könnte deren engagierte Verteidigung schwächen: Das ist die Ferne zwischen Pragmatismus und Postmoderne, was auf einem groben Missverständnis Rortys beruht. Wenn aber die postmoderne politische Philosophie aus ihren Einsichten – der Relativismus eignet beiden, ob sie es gerne hören oder nicht, ist er schlichte Realität – pragmatische politische Konsequenzen zieht, sind sich beide wieder sehr nah.

Im Privatleben dagegen hilft nach Rorty der einzelnen die philosophische Skepsis wie die Einsicht in die Kontingenz, eine gewisse Distanz gegenüber Essentialismen zu wahren, um das Leben eher ironisch als tragisch zu verstehen. Gerade fromme Menschen lehnen jede Leichtigkeit des Seins und einen spielerischen Umgang mit dem Leben ab. Wie schreibt doch Gabriel Marcel am 8. März 1929: „Nur auf Grund einer Illusion, durch Anschluss an eine pragmatische Wissenschaft, welche sich die Wirklichkeit durch ihre Bestrebungen zurechtmacht, glaubt man, ins rein Theaterhafte zu entkommen. (. . .) Das Wort *entfremden* gibt genau das wieder, was ich sagen will. ,Ich bin nicht im Theater', - diese Worte werde ich mir jeden Tag wiederholen."[1] Marcels Worte, die gegen Sartre gerichtet sind, treffen selbstredend auch Rorty, der schließlich die westlich kapitalistische Lebensart deshalb schätzt, weil sie eine gewisse *Leichtigkeit des Seins* ermöglicht, die nicht nur Milan Kundera als *unerträgliche* disqualifiziert. Ein weitreichendes Schuldbewusstsein, ob als christliche Sünde oder als ökologischer Raubbau erscheint nicht unbedingt als Rortys Sache.

Ähnlich dramatisch ernst nimmt Rorty höchstens die Politik, wiewohl sie ob ihrer Kontingenz keine notwendigen Entwicklungen erlebt. Denn sie hat zwar ihren ernsten, moralischen Kern, nämlich die Vermeidung von

---

[1] Gabriel Marcel, Sein und Haben (1935), 2. Aufl. Paderborn 1968, 22

Grausamkeit als oberstes Postulat, das Rorty bei Judith Shklar lernt. Doch dieses Prinzip wird in der Politik kaum und in den Religionen noch erheblich weniger geachtet. So schreibt Shklar 1984: „Grausamkeit mehr als jedes andere Übel zu hassen, bedeutet eine radikale Ablehnung sowohl religiöser als auch politischer Konventionen. (. . .) Grausamkeit an erste Stelle zu setzen, ist dabei nicht allein durch Zweifel an der Religion motiviert, sondern hat ihren Grund in der Erkenntnis, dass sich die Gepflogenheiten der Gläubigen in ihrer Brutalität nicht von denen der Ungläubigen unterscheiden (. . .). Grausamkeit an erste Stelle zu setzen, bedeutet daher nicht nur mit der Religion, sondern auch mit der geläufigen Politik in Widerspruch zu stehen.“[1] Denn Grausamkeit ist fast nirgendwo völlig geächtet, es sei denn als individueller Akt, wie die Politik der Abschreckung demonstriert, sei sie militärischer oder juristischer Art. Was bedeutet zudem die Rede vom Kollateralschaden anderes, als Grausamkeit militärisch in Kauf zu nehmen. Selbst liberale demokratische Staaten, die mit militärischem Engagements sparsam umgehen, können sie nicht vermeiden. Auch der administrative, besonders der polizeiliche

---

[1] Judith Shklar, Ganz normale Laster (1984), Berlin 2014, 16, 17

Umgang mit den Zeitgenossinnen gerät leicht auf derartige Abwege.

Zudem hat Politik ein Ziel, nämlich die Solidarität, die Rorty mit den Linken verbindet, die er jedoch anders als Marx entwickelt. Mit beiden Begriffen – „Grausamkeit und Solidarität" – überschreibt Rorty den dritten Teil von *Kontingenz, Ironie und Solidarität*, der sich damit als Höhepunkt seiner politischen Philosophie präsentiert und als Antwort auf Rawls' *A Theory of Justice*, als Anschluss an dessen *Political Liberalism* und als Abgrenzung gegenüber den *Libertarians* und den *Kommunitarians*.

ZUM ERSTEN KAPITEL
SPRACHEN DER KONTINGENZ

Das erste Kapitel erscheint als theoretische bzw. sprachphilosophische Grundlage der weiteren Argumentation des Buches, wie man es häufig in der politischen Philosophie vorfindet. Doch der Titel „Die Kontingenz der Sprache", der auf den ersten Blick eine solche Aussicht nahelegt, lässt beim zweiten schon eine gewisse Ambivalenz erahnen: Kann nämlich Kontingenz überhaupt als eine Grundlage taugen? Für Etatisten nicht.

Und genau darum geht es Rorty, der sich mit gegensätzlichen Philosophien konfrontiert sieht. Auf der einen Seite Dewey, Rawls und Habermas, die die Bürgerin in die Gesellschaft integriert sehen und ihr Argumente anbieten, diese Sachlage zu akzeptieren und die sich daraufhin engagiert in die Gesellschaft einbringen soll. Auf der anderen Seite stehen Nietzsche, Foucault und Derrida, denen es in Rortys Verständnis darum geht, dass das Individuum sein eigenes Leben selber gestaltet, ohne dabei auf die Gesellschaft Rücksicht nehmen zu müssen. Das ist zumindest insoweit zutreffend, wie die postmoderne politische Philosophie als Genealogie der Emanzipationsbewegungen seit der Mitte des 20. Jahrhunderts gelesen werden kann, die in die Zivilgesellschaft münden, aber dadurch gegen Rorty doch einen politischen Charakter gewinnen. Obendrein trifft der Solipsismus-Vorwurf die postmoderne Philosophie nicht. Ihr ethischer Ideengeber ist Emmanuel Lévinas, der das Individuum durch den Anderen in die Verantwortung gerufen sieht. An Lévinas schließt Derrida an. Foucault schreibt die antike Logik weiter, nach der das Individuum sich selbst regieren muss, um mit anderen zusammenleben zu können. Lyotard folgt der Sprachphilosophie Wittgensteins, der Privatsprachen nicht als Sprache anerkennt.

Gemäß der philosophischen Tradition handelt es sich bei Postmoderne und analytischer Philosophie um miteinander unvereinbare Positionen, so dass demjenigen, der sich damit konfrontiert sieht, nichts anderes bleibt, als sich der einen oder der anderen Philosophie anzuschließen. Doch genau das lehnt Rorty ab, aber nicht weil er beide Positionen für falsch hielte, sondern weil er beide als durchaus richtig anerkennt.

Wie kann man sich widersprechende theoretische Auffassungen gleichzeitig für richtig halten? Damit distanziert sich Rorty natürlich von den jeweiligen Philosophen, die ihre eigene Theorie für richtig und die konkurrierende für falsch halten und zwar in dem Sinn, dass ihre eigene Theorie dem vorliegenden Sachverhalt entspricht, die andere nicht. Habermas geht davon aus, dass Sprache originär eine kommunikative Struktur besitzt, die Vernunft und Logik beherbergt. Im Sinn von Nietzsche drückt sich dagegen in der Sprache der Wille zur Macht aus und im Sinn von Foucault hat der Diskurs keine generell integrierende, sondern immer auch eine desintegrierende Funktion. Rawls wiederum begründet universelle sittliche Prinzipien, die sich mit Derrida, wenn man genau hinsieht, in der Buchstäblichkeit der Schrift auflösen, indem sie nämlich, je genauer man hinschaut, immer weiter in Aporien geraten, denen man nicht entkommt. Dadurch verunsichert sich jegliches Verständnis, was nach Rorty in der Politik nicht angeht, während man im privaten Leben solche Spiele spielen darf. Sokrates führt in Widersprüche, Platon löst sie auf.

Trotzdem in gewisser Hinsicht parallel zu Derrida lässt Rorty die traditionelle philosophische Auffassung auf, dass Theorien mit der Welt oder der Wirklichkeit übereinstimmen müssen, also wahr oder falsch sind. Nicht, dass es die Welt nur im Kopf der Zeitgenossinnen gäbe oder dass sie durch deren Sprache, deren Bewusstsein oder Geist überhaupt erst erzeugt würde. Für Rorty bleibt die Welt als äußerliche durchaus bestehen, und zwar derart unabhängig von der Erkenntnis, dass diese in der Welt ihre eigene Wahrheit nicht rückzuversichern vermag. Denn alle Theorien, ob philosophische, sozial- oder naturwissenschaftliche, spiegeln nicht diese äußere Welt, erfassen mit ihren Sätzen nicht bestimmte vorliegende Sachverhalte, mit denen sie übereinstimmen müssten.

Wenn nach Nietzsche Gott tot ist, was für Rorty heißt, „dass wir keinen höheren Zwecken dienen" (KIS 47), ähnlich wie es Vattimo sieht, dann gibt es auch keine Garantie mehr dafür, dass Sprache und äußere Welt in irgendeiner Weise miteinander übereinstimmen, dass die Sprache die Welt so erfasst, wie sie wirklich ist. Die Voraussetzung dazu wäre nämlich, „dass die Welt sich selbst, aus eigenem Antrieb, in satzförmige Stücke namens ,Tatsachen' aufteilt." (KIS 24) Daher hat Wahrheit in dieser äußeren Welt kein Kriterium, sondern Wahrheit ergibt sich aus dem Verhältnis zwischen den Sätzen, die sie behaupten, bzw. aus den jeweiligen Sprachen heraus, in denen diese Sätze eine Rolle spielen.

Folglich kann keine Sprache von sich behaupten, sie würde die Welt adäquat ausdrücken, denn dafür fehlt ihr wiederum ein Kriterium, was für die christliche Scholastik Gott gewährleistete, der den Menschen eine solche Sprache und eine solche Vernunft gegeben hatte, die die von ihm geschaffene Welt richtig erfasst. So wurde ein Kriterium überflüssig.

Wenn man heute in den Wissenschaften mit einem solchen Argument nicht mehr operieren kann, dann folgt indes daraus nicht, dass die Sprache sich als Endprodukt einer langen historischen Entwicklung begreifen lässt, die jetzt an einem Punkt angelangt sei, wo sie die äußere Welt endlich richtig erfasst. Irgendwie hat das jede Generation gedacht. So bemerkt Rorty, „dass Newtons Vokabular uns zwar Vorhersagen über die Welt leichter macht als das des Aristoteles, dass das aber nicht bedeutet, dass die Welt Newtonisch spricht." (KIS 25). Rorty folgt somit weder der weit verbreiteten Korrespondenztheorie. Bertrand Russell schreibt 1912, „dass die Wahrheit oder Falschheit einer Meinung immer von etwas abhängt, das außerhalb der Meinung selber liegt. Wenn ich glaube, dass Karl I. auf dem Schafott starb, dann ist das nicht deshalb wahr, weil mein Glaube irgendeine Eigenschaft an sich hätte, die man entdecken könnte, wenn man ihn vornimmt und genau untersucht. Mein Glaube ist deshalb wahr, weil dieses historische Ereignis vor zweieinhalb Jahrhunderten stattgefunden hat."[1]

Genauso wenig folgt Rorty der Abbildtheorie, wie sie beispielsweise von Wittgenstein im *Tractatus logico-philosophicus* vertreten wird, für den ein Satz einen Sachverhalt in ähnlicher Weise spiegelt wie ein Bild dieses Sachverhalts. Denn erstens: „Das Bild ist ein Modell der Wirklichkeit. Den Gegenständen entsprechen im Bilde die Elemente des Bildes. Die Elemente des Bildes vertreten im Bild die Gegenstände."[2] Und zweitens unterstellt Wittgenstein: „Was jedes Bild, welcher Form auch immer, mit der Wirklichkeit gemein haben muss, um sie überhaupt – richtig oder falsch – abbilden zu können, ist die logische Form, das ist, die Form der Wirklichkeit."[3]

Habermas dagegen vertritt die Auffassung: „Was wir für wahr halten, muss sich mit überzeugenden Gründen nicht nur in einem anderen Kontext, sondern in allen möglichen Kontexten, also jederzeit gegen jedermann verteidigen lassen. Davon lässt sich die Diskurstheorie der Wahrheit inspirieren: Eine Aussage ist wahr, wenn sie unter den anspruchsvollen Be-

---

[1] Bertrand Russell, Probleme der Philosophie (1912), Frankfurt/M. 1967, 107

[2] Ludwig Wittgenstein, Tractatus logico-philosophicus (1921), Werkausgabe Bd. 1, Frankfurt/M. 1984, 2.12- 2.131, 15

[3] ebd., 2.18, 16

dingungen eines rationalen Diskurses allen Entkräftigungsversuchen standhält."[1]

Nach Rorty handelt es sich bei den verschiedenen Theorien um verschiedene Vokabulare, die es den Zeitgenossen erlauben, mit der Welt im jeweiligen Sinn erfolgreich umzugehen bzw. bestimmte Zwecke zu verfolgen. Die Welt schreibt den Zeitgenossen also nicht vor, welche Sprache sie sprechen sollen, also ob sie das Vokabular von Rawls und Habermas zu verwenden haben oder das von Foucault und Derrida. Christian Schwaabe charakterisiert Rortys Position folgendermaßen: „'Argwöhnisch' gegen die Unterscheidung von Sein und Schein (. . .) begreift Rorty ,Rationalität' als Streben nach Kohärenz, nicht aber als Suche nach der Übereinstimmung unserer Begriffe mit Strukturen von Wirklichkeit außerhalb unserer selbst. Sprache und ihre Begriffe sind kulturell geprägte kontingente Werkzeuge."[2]

Welches Vokabular die Zeitgenossen jedoch wählen, das ist keineswegs beliebig, sondern hängt vom sozialen Umfeld genauso ab wie von den Zwecken, die sie verfolgen. So dient das Vokabular von Rawls und Habermas eher den

---

[1] Jürgen Habermas, Wahrheit und Rechtfertigung – Zu Richard Rortys pragmatischer Wende; in: ders., Wahrheit und Rechtfertigung – Philosophische Aufsätze, Frankfurt/M. 1999, 259

[2] Christian Schwaabe, Politische Theorie – Von Platon bis zur Postmoderne, 4. Aufl. Paderborn 2018, 299

Zwecken eines Gemeinwesens, ist also in der Politik nützlicher als das von Foucault und Derrida. Hier argumentiert Rorty kommunitarisch, hat das Gemeinwesen offenbar ein Primat gegenüber dem Individuum, wenn es sowohl bei Rawls als auch bei Habermas um allgemeine Begründungen geht, bei Foucault und Derrida eher um individuelle Emanzipationsbemühungen.

Wenn Rorty dabei die Auswirkungen individuellen Handelns auf die Politik übergeht, kann er dieses für unpolitisch erklären, da es besser zur individuellen Lebensgestaltung passe. Daher ordnet Rorty diesen beiden gegensätzlichen Vokabularen unterschiedliche Anwendungsfelder zu, wobei diese Verteilung natürlich Rortys Präferenzen entspricht. Denn Notwendigkeit geht diesen Vokabularen ab. Daher kann Rorty darauf hinweisen, „dass *Sprachen* eher gemacht als gefunden werden" (KIS 27) So lehnt es Rorty auch ab, Argumente gegen andere Philosophien ins Feld zu führen, gegen andere Vokabulare also. Vielmehr versucht er für sein Vokabular möglichst überzeugend zu argumentieren.

Dabei beruft sich Rorty auf Donald Davidson und den späten Wittgenstein. Davidson, wie ihn Rorty nicht ganz in dessen Sinn interpretiert, betrachte die Sprache nicht als Medium, das zwischen Mensch und Welt vermittelt, also doch noch einen Zugang zur Welt eröffne, wie sie wirklich sei, oder das als Ausdrucksmittel vom wahren Inneren des Menschen künde. Also drücke Sprache nicht eine nichtsprachliche Bedeutung oder Tatsache aus. So bemerkt Rorty einschränkend: „Denn auch wenn wir dem zustimmen, dass Sprachen keine Medien der Darstellung oder des Ausdrucks sind, bleiben sie doch Medien der Kommunikation, Werkzeuge sozialer Interaktion, Weisen, uns an andere Menschen zu binden." (KIS 80)

Vokabulare betrachtet Davidson als Werkzeuge, die sich nicht gegenseitig ergänzen oder auch widersprechen, wiewohl es durchaus sein kann, dass es zu Konflikten zwischen verschiedenen Vokabularen kommt, wenn beispielsweise das Vokabular von Newton dasjenige des Aristoteles verdrängt, es gerade nicht daran anschließt oder sich aus diesem heraus entwickelt. Wer allerdings ein neues Vokabular generiert, kann nicht im Vorhinein sagen, wozu es gut sein wird. Das stellt sich erst im Lauf der Entstehung des Vokabulars heraus. Wenn man auf ein fremdes Vokabular stößt, dann muss man sich diesem im eigenen Vokabular annähern, kann man es nicht einfach in das eigene Vokabular übersetzen. Wenn sich zwei Vokabulare begegnen, dann kommt es darauf an, wie sie aufeinander kausal wirken, wie sich jeweilige Reaktionen des einen Vokabulars auf das andere Vokabular ergeben. Man kann dabei durchaus von Bewusstsein oder Sprache sprechen, aber nur derart, dass diese Worte Zeichen für solche kausalen Vorgänge sind, nicht für bestimmte Entitäten der Sprache oder des Bewusstseins. Damit wird jede teleologische Betrachtungsweise von Sprache und Bewusstsein vermieden.

Die Kulturentwicklung betrachtet Rorty daher als einen Prozess, in dem Metaphern durch die gegenseitige Begegnung entstehen und vergehen, ein Prozess, der durch den Zufall geprägt ist, durch zufälliges gegenseitiges Einwirken, nicht durch Absichten, Ziele und Zwecke, die die Benutzer dieser Metaphern verfolgen würden. „Unsere Sprache und Kultur sind ebenso zufällig, ebenso Ergebnis von tausend kleinen Mutationen, die Nischen finden (und einer Million anderer, die keine Nischen finden), wie Orchideen und Menschenaffen." (KIS 42) Die Naturwissenschaften sind den Dingen nicht näher als die Geisteswissenschaften. Beide stellen im Zuge ihrer jeweiligen Entwicklungen Neubeschreibungen dar, die neue Metaphern auf den Weg bringen und mit diesen neue Diskussionen auslösen und andere zum Erliegen bringen.

Dergleichen versteht Rorty rein mechanisch, wobei der Zufall durchaus etwas Neues hervorzubringen vermag, etwa wenn Newton die Metapher *gravitas* einführt, aus welchen Anstößen auch immer er darauf gekommen sein mag, jedenfalls nicht weil er bestimmte Absichten verfolgte, gar um dem absoluten Geist Hegels zu dienen. Neue Metaphern haben dabei keine bestimmte Bedeutung, sondern geben dem Diskurs eine überraschende Richtung, die man weder vorab erahnen kann, noch dass man die Bedeutung der Metapher in der bisherigen verwendeten Sprache angeben könnte, wäre dann die Metapher schließlich überflüssig. Wenn die Metapher durch fleißigen Gebrauch eine Bedeutung erhalten hat, dann nennt sie Rorty eine tote Metapher. Das unterscheidet sich vom positivistischen Gebrauch der Metapher, die nicht dazu taugen soll, die Wirklichkeit zu spiegeln, wie vom romantischen, wenn die Metapher die Tiefe der Seele ausdrückt. So geht es Rorty im Anschluss an Davidson nicht etwa darum, philosophisch ungelöste Probleme zu lösen, als vielmehr solche Probleme einfach hinter sich zu lassen.

Dabei befindet sich Rorty allerdings im Gegensatz zu Davidson, wie der Band *Wozu Wahrheit?* vorführt, der die Diskussion zwischen Davidson und Rorty dokumentiert. Freilich erkennen Davidson und Rorty gemeinsam, dass jede Aussage über einen Sachverhalt ein Akt des Verstehens ist. Aber müssen sich wahre Sätze nicht doch auf reale Dinge in der Welt beziehen? Oder soll man Wahrheit besser ganz beiseitelassen und nur noch danach fragen, was den Menschen nützt? Gibt es eine wahre Welt oder doch nur viele Meinungen über verschiedene Welten? Dazu bemerkt Davidson: „Ein paar in die Jahre kommende Philosophen – eine Kategorie, zu der vielleicht Quine, Putnam, Dummett und mit Sicherheit ich selbst gehören – zerbrechen sich nach wie vor den Kopf über das Wesen der Wahrheit und über die Frage inwiefern die Wahrheit mit Bedeutung und Erkenntnistheorie zusammenhängt oder nicht zusammenhängt. Rorty meint, wir sollten aufhören uns Sorgen zu machen. Nach seiner Auffassung hat die Philosophie diese Rätsel durchschaut oder hinter sich gelassen und sollte sich nun weniger strapaziösen und interessanteren Angelegenheiten zuwenden. Vor allem mit mir geht er ins Gericht, weil ich nicht zugeben wolle, dass es mit dem alten Spiel vorbei ist, denn ansonsten findet er in meinen Arbeiten nützliche Hinweise, die seine eigene aufgeklärte Haltung stützen."[1]

In der Tat hat Rorty von Davidson viel gelernt. Doch er hält diesem entgegen: „Woran besteht Bedarf? Bedarf besteht an Diagnose und Behandlung philosophischer Beschwer-

---

[1] Donald Davidson, Eine Kohärenztheorie der Wahrheit und der Erkenntnis; in: ders., Richard Rorty, Wozu Wahrheit? – Eine Debatte, Frankfurt/M. 2005, 70

den. (. . .) Warum soll man nicht folgendes sagen? Die Philosophen werden mit dem Wahrheitsbegriff fertig sein, sobald es ihnen gelungen ist, den Leuten die von Davidson monierten Verwendungsweisen des Wortes ‚Wahrheit' auszutreiben – beispielsweise als Wort für ein Ziel der Forschung (Crispin Wright), (. . .), für etwas woran man glauben sollte (Daniel Dennett), oder für etwas Großes, das obsiegen wird (Paulus)."[1]

Vor allem mag Rorty Davidson dort nicht mehr folgen, wenn dieser weiter über die Wahrheit grübelt und sich dabei auch noch auf die handfeste Welt beruft, wenn Davidson schreibt: „Das, worauf es ankommt, ist, dass ich am normalen Wahrheitsbegriff festhalte: Es ist genau so, wie wir es uns vorstellen – es gibt dort draußen wirklich Personen, Berge, Kamele und Sterne, und häufig haben diese Gegenstände und Ereignisse tatsächlich die Merkmale, die wir an ihnen wahrzunehmen glauben. Unsere Begriffe sind zwar die unseren, aber das heißt nicht, dass sie nicht dazu dienen, eine objektive Wirklichkeit in sowohl nützlicher als auch wahrheitsgemäßer Form zu beschreiben."[2]

---

[1] Richard Rorty, Replik auf Davidson; ebd., 317

[2] Donald Davidson, Ist die Wahrheit ein Ziel der Forschung? Antwort auf Rorty; in: ebd., 293

Rorty ist das peinlich, dass es eine von Menschen unabhängige Welt geben soll, was er für eine überholte Redeweise hält, die der Pragmatismus von James und Peirce längst überwunden hat. So bemerkt er: „Stellt man sich auf den Standpunkt von Davidson (. . .), dann besteht ‚die Welt' einfach aus den Sternen, den Menschen, den Tischen, dem Gras – all den Dingen, die jedermann (. . .) für existent hält. Dass die überwiegende Mehrzahl unserer Überzeugungen wahr sein muss, das garantiert nach dieser Auffassung auch die Existenz der überwiegenden Mehrzahl der Dinge, über die wir zu sprechen glauben."[1]

Davidson sieht zwar ein, dass Aussagen über die Welt immer mit anderen Aussagen zusammenhängen, Überzeugungen mit anderen Überzeugungen. Doch anstatt dass daraus folgen würde, der Mensch würde sich seine Welten selber konstruieren, insistiert Davidson auf einer zumindest ansatzweise vorgegebenen äußeren Welt.

Rorty will das gar nicht bestreiten. Allerdings erscheint ihm das gleichgültig. Begriffe wie Welt und Wahrheit lassen sich für Rorty nicht ausreichend bestimmen, während sie für Davidson in den in sich konsistenten Überzeu-

[1] Richard Rorty, Die glücklich abhandengekommene Welt; in: Donald Davidson, Richard Rorty, Wozu Wahrheit? – Eine Debatte, Frankfurt/M. 2005, 43

gungen der Menschen wurzeln, die nach einem logisch stimmigen Weltverständnis trachten. Da wäre sich Rorty nicht so sicher: „Um zu erklären, was James und ich selbst im Sinn haben, wollen wir uns eine überaus tüchtige, evolutionstheoretisch orientierte Biologin vorstellen, die an allen Wochentagen damit beschäftigt ist, den Ursprung diverser Arten zu verfolgen, am Sonntag jedoch großen Trost darin findet, die Messe zu hören. Zwischen den Überzeugungen, die sie durch Rezitieren des Glaubensbekenntnisses zum Ausdruck bringt, und denen, die sie bei ihrer Anfängerübung zur Evolutionstheorie äußert, sieht sie keinen interessanten Folgerungszusammenhang, obwohl sie eine vage Ahnung davon hat, dass andere (wie z.B. Kardinal Ratzinger) hier durchaus einen Zusammenhang sehen."[1] Braucht der Mensch wirklich ein konsistentes widerspruchsfreies Weltbild? Oder ist es nicht längst vergebene Liebesmüh, die Welt überblicken zu wollen? Reicht es nicht wenn wir uns zu der einen oder anderen Angelegenheit äußern? Das darf sich dann auch mal widersprechen. Rorty wäre damit zufrieden, Davidson nicht.

Denn letzterer geht davon aus, dass der Bezug zu den Dingen der Welt durch diverse

---

[1] Richard Rorty, Replik auf Davidson; in: ebd., 323

sprachliche Verweise hergestellt wird. Das ist allerdings eingebunden – so Davidson in einem programmatischen Text – in „die von der Normativität des Denkens, Wünschens, und Redens und Handelns aufoktroyierte Struktur, die richtigen Fremdzuschreibungen von Einstellungen ebenso eignen muss wie den Interpretationen der sprachlichen Äußerungen anderer Personen sowie den Erklärungen ihrer Handlungen."[1] Eine solche Rationalität macht es für Davidson denn auch möglich, sowohl die äußere Wirklichkeit wie andere Menschen richtig zu erfassen.

Was Positivisten oder Marxisten als Fortschritt verstehen, bleibt dagegen für Rorty letztlich doch nur eine Verschiebung, wenn ein neues Vokabular mit neuen Metaphern neue Probleme aufwirft. Doch er entfernt sich umso mehr von der Position von Davidson, wenn er ähnlich wie Foucault darauf insistiert, dass sich um 1800 herum ein neues Verständnis vom Menschen entwickelte. Foucault schreibt, „dass der Mensch lediglich eine junge Erfindung ist, eine Gestalt, die noch nicht zwei Jahrhunderte zählt, eine einfache Falte in unserem Wissen und dass er verschwinden wird, sobald unser Wissen eine neu Form gefunden

---

[1] Donald Davidson, Eine Einheitstheorie über Gedanken, Bedeutung und Handlungen (1980); in: ders., Probleme der Rationalität (2004), Frankfurt /M. 2006, 281

haben wird."[1] Denn mit dem evolutionären wie dem prozessorientierten Denken erst entsteht ein Begriff vom Leben als Entwicklung, das keine festen Kerne mehr kennt, auch keine Gene, die ihrerseits nur von Kopiermechanismen künden.

Damit tritt eine Einbindung der Sprache in die äußere Welt, wie sie Davidson vertritt, in den Hintergrund. Mögen diverse vornehmlich deiktische Bezüge die Sprache an die Welt auch rückkoppeln, doch was bleibt davon noch, wenn diese Bezüge in unterschiedlichen Vokabularen völlig anders verarbeitet werden? Was bleibt davon noch, wenn sich die Zeitgenossin seit dem 19. Jahrhundert immer seltener an höhere Ordnungen gebunden fühlt und jedenfalls nicht mehr höheren Zwecken zu dienen hat? Rorty schreibt: „Den deutschen Idealisten, französischen Revolutionären und romantischen Dichtern war eines gemeinsam: die schattenhafte Ahnung, dass Menschen, deren Sprache sich so änderte, dass sie nicht mehr von sich als Wesen sprachen, die außermenschlichen Kräften verantwortlich sind, damit eine neue Art menschlicher Wesen erfunden haben." (KIS 28)

Aber das war nicht das Resultat einer notwendigen, sondern eine zufälligen historischen

---

[1] Michel Foucault, Die Ordnung der Dinge – eine Archäologie der Humanwissenschaften (1966), Frankfurt/M. 1974, 26

Entwicklung. Nicht die Welt legte diesen Gruppen einen Wechsel des Vokabulars nahe. Dergleichen lässt sich von der Welt überhaupt nicht sagen. Viele zufällige Ereignisse haben vielmehr dazu geführt. So fordert Rorty im Anschluss an Nietzsche, dass sich die postmodernen Zeitgenossinnen von der Obsession befreien sollten, irgendetwas zu verehren, keine außerweltlichen Kräfte, keine wissenschaftlichen Wahrheiten wie auch keine romantischen Vorstellungen von den inneren Kräften der Genialität oder Kreativität.

ZUM ZWEITEN KAPITEL

DAS SELBST ZWISCHEN KANT UND FREUD

Auch mit dem zweiten Kapitel „Die Kontingenz des Selbst" scheint Rorty der traditionellen Argumentation der politischen Philosophie treu zu bleiben, die häufiger noch als eine Wissenschaftslehre der Politik eine Anthropologie voraussetzt. Natürlich evoziert der Titel denselben Zweifel wie schon der des ersten Kapitels. Obendrein spricht er ja nur vom Selbst, nicht vom Menschen. Gewissermaßen ist Rorty damit Platon näher als Hobbes oder Rousseau. Aber das täuscht natürlich. Denn Rorty stellt ähnlich wie im ersten Kapitel zwei philosophische Positionen gegenüber, die er nicht widerlegen will, die vielmehr durch eine nichtphilosophische aufgehoben, also einerseits relativiert, aber andererseits auch verändert fortgeschrieben werden – im Sinn von Hegels Begriff der Aufhebung, eine Anspielung auf die Dialektik.

Und mit allen drei Positionen grenzt er sich von Platon ab. Ein Denken, das ansatzweise noch an Platon festhält, es aber in vielfältiger Hinsicht überschreitet, ist dasjenige Kants. Bei Platon beschäftigen sich nur wenige Experten mit Philosophie, bei der die meisten Zeitgenossen auch gar nicht mitdiskutieren dürfen. Kant dagegen, so Rorty, schreibt eine Philosophie für den normalen Menschen, betrachtet er denn auch „die selbstlosen, bescheidenen, phantasielosen, anständigen, ehrlichen, pflichtbewussten Menschen als paradigmatisch". (KIS 70) Diesen liefert Kant einen einzigen Imperativ, seinen berühmten kategorischen, als Moralgesetz: „Handle so, dass die Maxime deines Willens jederzeit zugleich als Prinzip einer allgemeinen Gesetzgebung gelten könne."[1] Daran sollen sich die Zeitgenossinnen in ihrem alltäglichen Handeln orientieren. Allerdings betrifft das nicht das Handeln, sondern den Willen, also die Motivation und lässt sich daher empirisch auch nicht aufweisen.

Kant geht nach Rorty davon aus, dass diese Menschen eine unbedingte Pflicht einer Klugheit vorziehen, die sie ständig zwingt, sich in jeder Situation zu überlegen, was moralisch angemessen wäre. Eine „einfallsreiche Projektion oder metaphorische Neubeschreibung" (KIS 70) würde sie mit Ansprüchen konfrontieren, die sie moralisch verunsichern. Sie sollen

---

[1] Immanuel Kant, Kritik der praktischen Vernunft (1788), Akademie Textausgabe Bd. V., Berlin 1968, 81

daher vor schwärmerischer Religiosität genauso bewahrt werden, wie vor komplizierten Gedankengängen einer kritischen Rationalität. Letzteres nimmt ihnen schon Kant selber ab, ähnelt er dabei Platon. Auf jeden Fall ist für Kant dieser pflichtbewusste Zeitgenosse der Typus Mensch, der die Menschlichkeit paradigmatisch verkörpert, bestimmen Moral und Vernunft das Selbst. Allemal handelt es sich um ein Selbst, das sich in seine Gemeinschaft einordnet und, indem es sich am Moralgesetz orientiert, dieser auch zu dienen bereit ist. Für das Selbst spielen private Wünsche und Hoffnungen nur eine unter- und nachgeordnete Rolle. Die Zeitgenossinnen verharren dann in ihrem Vokabular, das möglichst wenige Metaphern enthält und dafür an der scheinbar erwiesenen Buchstäblichkeit festhält. Verglichen mit jener des ersten Kapitels über die Sprache ähnelt diese Position derjenigen von Rawls und Habermas.

Mag es sich Kant auch anders vorgestellt haben, aber er hat damit die Ethik des Untertan geschrieben. Man weiß, dass die überwiegende Mehrheit auch unter den Gebildeten womöglich abweichende Vorstellungen entwickeln würde. Dergleichen sollte verhindert werden. Rorty zeigt sich demgegenüber durchaus ambivalent, weiß er die Vorzüge dieses Modells politisch wohl zu schätzen.

Nietzsches Gegenmodell dazu, also zum Kantischen Universalismus, das Rorty aber nicht als ein solches verstehen will, geht vom Individuum und nicht von der Gemeinschaft aus. Dieses Modell ähnelt der Rolle der Philosophie von Foucault und Derrida im Kapitel über die Sprache. Nach Nietzsche, so Rorty, verkörpert der Dichter das Paradigma von Menschlichkeit, das alle anderen, gerade die des Pflichtbewussten überstrahlt und als zweitrangig disqualifiziert, hatte umgekehrt Kant den Menschen in ein Vernunft- und Sinnenwesen unterschieden und letzteres als kontingent und launisch verabschiedet, muss daher die Vernunft das Gefühl beherrschen.

Im Anschluss an Davidson schafft für Rorty die Dichterin in der Tat neue Metaphern, die, wenn sie fleißig rezipiert werden, langsam in der Alltagssprache folgender Generationen ihren metaphorischen Charakter verlieren werden. Aber dann kommen ja neue Dichterinnen. Zwischen Kant und Nietzsche zeigt sich „die Spannung zwischen dem Streben nach Erschaffung des Selbst durch Erkenntnis von Kontingenz und dem Streben nach Universalität durch Überschreitung von Kontingenz." (KIS 56) Indem Dichterinnen die Welt gemäß ihrer Phantasie ausdrücken, schaffen sie mit einer neuen Metaphorik ein neues Vokabular und gestalten derart ihr Selbst durch eine dichterische Welterfahrung.

Verglichen mit Kants Moralgesetz, das natürlich in keiner Weise kontingent sein will, sondern ein notwendiges universelles Gesetz der praktischen Vernunft, verharrt die dichterische Welterfahrung Nietzsches jenseits jeglicher Allgemeinheit im Individuellen und damit im Kontingenten. Denn nach Rorty sind umgekehrt nur wenige Menschen zu dieser dichterischen Schöpfung des Selbst in der Lage. Wie heißt es doch in *Also sprach Zarathustra*: „Ich lehre euch den Übermenschen. Der Mensch ist Etwas, das überwunden werden soll."[1] Nietzsche inspiriert denn gewisse Philosophinnen des 20. Jahrhunderts, die der Kontingenz noch eine andere Wende geben: „Philosophen nach Nietzsche, zum Beispiel Wittgenstein und Heidegger, treiben Philosophie mit dem Ziel, die Universalität und Notwendigkeit des Individuellen und Kontingenten deutlich zu machen." (KIS 57)

Diese beiden Positionen, Kant und Nietzsche, stehen sich diametral gegenüber. Rorty macht daraus aber keinen Konflikt. Im Grunde betreffen die Positionen unterschiedliche Bevölkerungsgruppen, nämlich die breite Mehr-

---

[1] Friedrich Nietzsche, Also sprach Zarathustra (1882-84), Kritische Studienausgabe (KSA) Bd. 4, München, Berlin, New York 1999, 14

heit von Bürgern und die kleine Minderheit von Künstlern, Intellektuellen sowie vielleicht die eine oder andere Randgruppe, die man im 19. Jahrhundert Bohemiens nannte, und die sich nach Georg Simmel vergeblich gegen die Kulturentwicklung auflehnte. Rorty scheint eine ähnliche Auffassung zu vertreten, wenn er diesen Diskurs aus der Politik ausschließt. Dass sich im Laufe der zweiten Hälfte des 20. Jahrhunderts daran etwas geändert haben könnte, dass scheint er noch nicht zu erkennen.

Doch ähnlich wie bei der Sprache diagnostiziert Rorty denn auch wiederum eine Position, die zumindest in einer gewissen Perspektive, nämlich der der Kontingenz, beide Positionen ein Stück weit vermittelt, die Psychoanalyse Sigmund Freuds. Weder wird das Selbst von der Vernunft beherrscht wie bei Kant, noch generiert es sich nur in den wenigen Fällen gelungener Dichtung, die wirklich der Literatur eine neue Wendung geben, während die Masse der Literaten doch nur das Vergangene reproduziert. Vielmehr wird das Selbst in der Erziehung geprägt, was auch schon ein kontingenter Prozess ist, denn dabei passieren die diversen Ereignisse, die dem Selbst alle möglichen Idiosynkrasien eingeben, so dass sich Moralisierung als ein Prozess der Neurotisierung präsentiert, mehr oder weniger zwanghaft. Neurosen entstehen während der frühkindlichen Entwicklung durch Verdrängungsprozesse, weil das Ich noch zu schwach ist, um zwischen den Ansprüchen der Innen- und der Außenwelt zu vermitteln. Freud schreibt 1938 in *Abriss der Psychoanalyse*: „Aber während dieser Entwicklung hat das junge und unkräftige Ich gewisse bereits aufgenommene Inhalte wieder in den unbewussten Zustand zurückversetzt, fallen gelassen und gegen manche neue Eindrücke, die es hätte aufnehmen können, sich ebenso verhalten, so dass diese, zurückgewiesen, nur im Es eine Spur hinterlassen konnten. Diesen letzteren Anteil des Es heißen wir mit Rücksicht auf seine Entstehung das Verdrängte."[1] Verdrängung produziert ein neurotisiertes Selbst, ein Prozess, dem niemand entgeht, mit dem man bestenfalls lernen kann zu leben.

Damit aber beendet Freud den Konflikt zwischen Individualität und Gemeinschaft, den Kant produziert hatte. Nach Freud hat die Moral nämlich kein Fundament in der Vernunft, sondern in der individuellen Lebensgeschichte. Metaphern drücken nach Davidson keine Vergangenheit aus. Nach Freud verdanken sie sich dem Ausleben von Idiosynkrasien, aus denen jede als eine besondere besteht. Die

---

[1] Sigmund Freud, Abriss der Psychoanalyse (1938) – Das Unbehagen in der Kultur (1930), Frankfurt/M.. 1953, 23

Dramatisierung des Selbst kann sich dabei von der kleinsten Kleinigkeit am Wegesrand inspirieren lassen, muss sich nicht auf Universelles berufen. Das Selbst entwickelt sich aus Idiosynkrasien heraus, die es bei Nietzsche zur Dichterin machen, ein Prozess den Freud verallgemeinert, so dass jede zur Dichterin, genauer Produzentin von Metaphern wird. „Niemand ist für Freud durch und durch farblos, weil es ein farbloses Unbewusstes nicht gibt." (KIS 72)

Keine Idiosynkrasie – gleichgültig ob individuell oder sozial – hat Vorrang vor einer anderen, drückt die Welt besser aus. Dann muss man nicht mehr zwischen Kunst und Leben unterscheiden. Für Rorty ist Freud damit toleranter als Nietzsche. Denn Freud baut alle Unterschiede zwischen Höherem und Niederem ab. Übrig bleibt ein kontingentes Selbst, das sich keinem großen System mehr verdankt. Aber der Vorteil ist, dass die Zeitgenossin ihr Selbst in Termen der Psychoanalyse individuell zusammenstellen kann – gefüttert durch ihre Lebensgeschichte –, nicht moralphilosophisch in eine Universalität und Allgemeinheit einpassen muss. Kontingenz umschreibt Christian Schwaabe folgendermaßen: „Kontingenz ist die Bedingung menschlicher Existenz unter postmetaphysischen Vorzeichen: Kontingenz als Nicht-Notwendigkeit, Zufälligkeit, Kontingenz der eigenen Kultur, der eigenen Sprache und damit des Subjekts und seiner Lebensformen, Vorstellungen und Auffassungen. Wer sich dieser umfassenden Kontingenz bewusst wird, nimmt eine kritisch-reflexive Distanz zu seiner Herkunft und Eigenart ein, vermag die Ansprüche und Perspektiven der eigenen Weltsicht zu relativieren – entwickelt eine ironische Haltung, und vermag die verstockt-dogmatische Weltsicht des Fanatikers zu überwinden."[1]

Beinahe kehren ein gewisser Pragmatismus und die Klugheit als Tugend bei Aristoteles wieder. Die Zeitgenossin muss auf ihre Umwelt einfach geschickt reagieren, was nicht nur die große Dichterin kann. So bemerkt Rorty: „Freud achtete die Ansprüche von Moralismus und Romantik gleich, aber er weigerte sich, einem von beiden Priorität einzuräumen oder eine Synthese zwischen beiden zu versuchen." (KIS 69) Kant erhebt den anständigen zum paradigmatischen Menschen, Nietzsche den Dichter. Mit Freud muss man sich nicht mehr zwischen den beiden entscheiden. Denn es gibt für ihn keine paradigmatischen Menschen, sondern nur Individuen mit einer individuellen Geschichte. So kann Rorty feststellen: „Meine Begeisterung für die Mechanisierung und De-

---

[1] Christian Schwaabe, Politische Theorie – Von Platon bis zur Postmoderne, 4. Aufl. Paderborn 2018, 305

zentrierung der Welt ist bestimmt von meiner Annahme, dass der ironische, spielerische Intellektuelle ein erfreulicher Charaktertyp ist und dass Freuds Bedeutung drin liegt, zur Herausbildung eines solchen Charakters beigetragen zu haben."[1]

---

[1] Richard Rorty, Solidarität oder Objektivität? Drei philosophische Essays (1983/4), Stuttgart1988, 62

ZUM DRITTEN KAPITEL
POLITIK DER KONTINGENZ

Das dritte Kapitel über „Die Kontingenz des Gemeinwesens" schließt direkt an die beiden vorhergehenden an. Wenn man die liberale Demokratie weder erkenntnistheoretisch noch anthropologisch begründen kann, dann erweist sich das Gemeinwesen in jeder Hinsicht als kontingent. Dann kann es auch nur darum gehen, die liberale Demokratie mit anderen Formen des Politischen zu vergleichen. Rortys Hauptfeinde der liberalen Demokratie sind dabei Nazis und Marxisten. Mit ihnen muss er sich indes nicht weiter auseinandersetzen. Denn für beide ist die Vermeidung von Grausamkeit kein primäres politisches Ziel. Im Gegenteil, gerade Nazis und Rechtsradikale bedienen sich der Grausamkeit extensiv. Für revolutionäre Marxisten mag das gelten, was Maurice Merleau-Ponty 1947 bemerkt und womit er sich gründlich den Ruf verdarb: „Es ist sicher, dass der Terror weder für Bucharin noch für Trotzki noch für Stalin einen Wert an sich darstellt. Jeder von ihnen beabsichtigt, durch ihn hindurch die wirkliche, noch nicht begonnene Geschichte der Menschheit zu realisieren, und darin liegt ihrer Meinung nach die Rechtfertigung der revolutionären Gewalt."[1] Das ändert natürlich nichts daran, dass sie sich ebenfalls extensiv der Grausamkeit bedienen, auch wenn bei ihnen diese nicht wie bei den radikalen Rechten ein Selbstzweck ist. Denn Grausamkeit liegt originär im Prinzip der Diskriminierung, die sich nicht ohne Gewalt realisieren lässt.

Umgekehrt muss Rorty einräumen, dass es keine hinlängliche Antwort auf die Frage gibt: „Woher weiß man, dass Freiheit das Hauptziel der gesellschaftlichen Organisation ist?" (KIS 99) Denn die liberale Freiheit lässt sich nicht derart begründen, dass man Vertreter anderer Weltanschauungen überzeugen könnte. Dabei stoßen nur verschiedene Vokabulare aufeinander, die sich gegenseitig nicht widerlegen können, weil es nun mal keinen sprachlichen Zugang zu allgemeinverbindlichen Wahrheiten gibt, was die Debatten seit dem jüngsten Rechtspopulismus bestätigen. Entweder man geht wie Dewey oder Rawls vom Individuum aus, das erst jede Gemeinschaft schafft, so dass individuelle Freiheit dazu die Grundlage sein muss; oder man ordnet das Individuum der Gemeinschaft unter und muss dazu alle

---

[1] Maurice Merleau-Ponty, Humanismus und Terror 1 (1947), 2. Aufl. Frankfurt/M. 1968, 141

diskriminieren, die sich dem entziehen, die letztlich als Volksfeinde vernichtet werden müssen. Seit dem Aufgang des Liberalismus realisiert sich dieser Gegensatz als eine politisch soziale Scheidelinie.

Rorty fordert ein neues metaphorisches Vokabular, das zu einer attraktiven Neubeschreibung der liberalen Kultur und Demokratie führt, die beide attraktiv machen soll. Dazu grenzt er sich von Foucault und Habermas ab, wiewohl er sie für nahestehend hält. Denn Foucault bezeichnet er als Ironiker, der leider kein Liberaler sein will. Habermas ist ein Liberaler, der indes die Ironie ablehnt, ja sogar für gefährlich hält. Foucault kritisiert die liberale Demokratie, weil sie ihre Freiheiten mit neuen Zwängen erkauft, die gerade die private Lebensgestaltung einengen. Allerdings hätte Rorty 1989 doch die letzten Publikationen Foucaults aus dem Jahr 1984 berücksichtigen können, wenn dieser im Sinn von Nietzsche über die antiken Lebenskünste schreibt: „Nichtsdestoweniger wäre die lange Geschichte jener Ästhetiken der Existenz und jener Selbsttechnologien – wieder – in Angriff zu nehmen."[1] Für Rorty gibt es dagegen politisch Wichtigeres zu tun, nämlich in der Öffentlichkeit die libera-

---

[1] Michel Foucault, Der Gebrauch der Lüste – Sexualität und Wahrheit 2 (1984), Frankfurt/M. 1989, 18

len Freiheiten politisch zu verteidigen, anstatt sie primär zu kritisieren.

Habermas lehnt jede Ironisierung der Politik oder Poetisierung der liberalen Gesellschaft dagegen als eine gefährliche politische Idee ab, die Nietzsche seinen Schülern, allen voran Foucault vermittelte. Für Habermas ist die Sprache kommunikativ und damit problemlösend; denn sie stellt Konsens her: „auf der formalen Ebene der argumentativen Einlösung von Geltungsansprüchen ist die *Einheit* der Rationalität in der Mannigfaltigkeit der eigensinnig rationalisierten Wertsphären gesichert."[1] Er zieht Expertenkulturen allemal Bemühungen vor, die Gesellschaft zu poetisieren oder gar zu romantisieren. Lebenskunst muss sich dem sozialen Konsens unterordnen.

So hat Habermas für Rorty Angst vor der Innovation und hängt stattdessen an der Konvention. Doch mit Habermas' Anspruch, dass sich der politische Diskurs am Modell des herrschaftsfreien Gesprächs zu orientieren habe, hat Rorty wenig Probleme. Herrschaftsfreiheit übersetzt er nämlich wie folgt schlicht als „Maximierung der Qualität des Unterrichts, Maximierung der Pressefreiheit, der Gelegenheiten zum Lernen und der Gelegenheiten politischen Einfluss zu nehmen" (KIS 119) Mit Ha-

---

[1] Jürgen Habermas, Theorie der kommunikativen Handelns, Bd. 1, Frankfurt/Main 1981, 339

bermas hat Rorty daher auch nur einen philosophischen Dissens, nämlich zwischen der von Rorty vertretenen Kontingenz der Sprache und dem Universalismus, den Habermas propagiert.

Rorty ist sich dabei durchaus bewusst, dass für Habermas der Graben zwischen ihnen tiefer ist, als für ihn. Denn nach Habermas braucht die Demokratie philosophische Grundlagen, die Rorty für überflüssig erklärt. So schreibt Habermas: „Philosophie und Demokratie verdanken sich nicht nur historisch demselben Entstehungszusammenhang, auch strukturell sind sie aufeinander angewiesen. Die öffentliche Wirkung philosophischen Denkens bedarf in besonderem Maße des institutionellen Schutzes der Gedanken und Kommunikationsfreiheit, während umgekehrt ein stets gefährdeter demokratischer Diskurs auch von der Wachsamkeit und Intervention dieses öffentlichen Hüters der Rationalität abhängt."[1] Man kann das angesichts des Rechtspopulismus verstehen. Aber er macht sich damit zu einem bundesrepublikanischen Staatsphilosophen, eine Rolle, die auch Rorty seinerseits für die USA durchaus bereit zu spielen wäre.

---

[1] Jürgen Habermas, Noch einmal: Zum Verhältnis von Theorie und Praxis; in: ders., Wahrheit und Rechtfertigung, Frankfurt/M. 1999, 331

Mit Foucault trennen Rorty dagegen politische Differenzen, die für Rorty wahrscheinlich essentieller sind als für Foucault. Nicht dass Rorty der Analyse Foucaults nicht zustimmen würde, dass die liberale Freiheit auf der Einschränkung derselben beruht. Aber er hält Foucault für einen romantischen Revolutionär, der eine Kompensation der Einschränkung der Freiheitsrechte durch Maßnahmen der Leidensminderung ablehnen würde. Stattdessen, so Rorty, träume Foucault von individueller Autonomie, die sich nur durch eine totale Revolution realisieren ließe. Da hat Rorty Foucault allerdings schlicht falsch verstanden. Denn dieser schreibt 1984: „Aber für das griechische Denken der klassischen Epoche gehört die ‚Asketik', die dazu führt, dass man sich als Moralsubjekt konstituiert, auch in ihrer Form zur Übung und zur Ausübung eines tugendhaften Lebens, das auch das Leben eines ‚freien' Mannes im vollen, positiven und politischen Sinn ist."[1] Ergo lehnt Foucault auch ab, dass man diese Autonomie auf den Bereich des Privaten beschränken dürfe. Vom selbstbeherrschten Bürger, der sich indes an seinen Lüsten und nicht einer allgemeinen Moral orientiert, soll durchaus ein gewisser Einfluss auf die Politik ausgeübt werden, womit Foucault

---

[1] Michel Foucault, Der Gebrauch der Lüste – Sexualität und Wahrheit 2 (1984), Frankfurt/M. 1989, 103

die zivilgesellschaftlichen Bestrebungen außerinstitutionell engagierter Bürger antizipiert, die Rorty 1989 durchaus hätte erahnen dürfen. Aber um Revolutionen geht es diesen Bürgern nicht mehr. Just dieser Einfluss hat sich als nachhaltig liberalisierend für Gesellschaft und Politik erwiesen und nicht als revolutionierend. Das Private wirkt sich also politisch nicht nur negativ aus, im Gegenteil. Dass Foucault eine revolutionäre Gesinnung teilte, kann sich daher nur einer persönlichen Perspektive Rortys verdanken.

Jedenfalls trennt Rorty Privatheit und Öffentlichkeit. Für ihn birgt die liberale Gesellschaft Möglichkeiten, um sie zu verbessern. Die Voraussetzung ist, dass sie sich nicht in den privaten Bereich einmischt, die Vielfalt privater Zwecke akzeptiert und dass es ihr andererseits darum geht, Leiden zu vermindern. Letzteres aber könne man getrost dem öffentlichen Diskurs darüber überlassen, welches Leiden akzeptabel ist und welches nicht. So schlägt Rorty vor: „*Privatisiert* den Nietzsche-Sartre-Foucaultschen Versuch zur Authentizität und Reinheit, damit ihr euch davor schützen könnt, in eine politische Einstellung abzugleiten, die euch zu der Überzeugung bringen würde, dass es ein wichtigeres soziales Ziel als die Vermeidung von Grausamkeit gibt." (KIS 117) Das Streben nach Authentizität und

Reinheit kann man jedoch weder Sartre noch Foucault unterstellen. Vor allem aber soll für Rorty die liberale Demokratie befähigt werden, Grausamkeiten zu begegnen. Just dazu haben indes diverse soziale Bewegungen beigetragen, die die Zivilgesellschaft konstituieren, zu der die rechten Initiativen just deshalb nicht gehören. Man denke an die Friedensbewegung, an die Flüchtlingshilfe, an Menschenrechtsgruppen, an die Frauenbewegung oder die Bürgerrechtsbewegung in den USA – eine Perspektive, die Rorty nun mal geflissentlich übersieht.

Um Grausamkeiten zu begegnen, muss sich nach Rorty die Demokratie jedenfalls vom Aufklärungsvokabular verabschieden. Es kann ihr nicht um absolute Wahrheiten gehen so wenig wie um höchste Motive, die sich bereits in anderen Vokabularen als wirkungslos erwiesen. Stattdessen geht es um eine Neubeschreibung der Demokratie, die sich auf ein neues vornehmlich poetisiertes Vokabular zu stützen vermag. Es gibt zwar kein Vokabular, mit dem man einen historischen Fortschritt objektivieren könnte. Trotzdem kann man im poetisierten liberalen Vokabular eine Geschichte des Fortschritts erzählen, beinahe wie Hegel, auf den sich Rorty immer wieder beruft. Denn auch bei Hegel stehen im Fokus des Fortschritts nicht die Naturwissenschaften, sondern die Freiheit. Wie schreibt doch Hegel: „Die

Weltgeschichte ist der Fortschritt im Bewusstsein der Freiheit – ein Fortschritt, den wir in seiner Notwendigkeit zu erkennen haben."[1]

Für Rorty faszinierten die Naturwissenschaften viele Zeitgenossinnen zwar bis weit ins 20. Jahrhundert, doch verlieren sie längst viel von ihrem einstmaligen Glanz, sind sie nicht mehr der interessanteste Bereich der Kultur – was sich im Zuge der Informatisierung seit dem Tod von Rorty 2007 indes wieder geändert haben dürfte. So fordert er ein anderes Vokabular, eine Neubeschreibung der Kultur, „indem wir unsere Aufmerksamkeit auf die Bereiche richten, die an der Vorderfront der Kultur stehen, die die Phantasie der Jungen anregen – nämlich Kunst und politische Utopie." (KIS 97) Daher gelten denn auch in einer erneuerten liberalen Kultur nicht mehr Krieger und Priester als Helden, sondern Dichter und Revolutionäre. Letzteres wird verwundern. Aber erstens sollen die Dichter die Wahrheitspropheten in den Schatten stellen.

Zweitens fordert Rorty revolutionäre Künstler und revolutionäre Naturwissenschaftler an Stelle von Akademie-Künstlern und Normalwissenschaftlern, womit er an Thomas S. Kuhns wegweisendes Buch *Die Struktur wis-*

---

[1] G.W.F. Hegel, Vorlesungen über die Philosophie der Geschichte (1822-32), Theorie Werkausgabe Bd. 12, Frankfurt/M. 1970, 32

senschaftlicher Revolutionen aus dem Jahr 1961 anschließt, in dem es heißt: „Unter der Führung eines neuen Paradigmas verwenden die Wissenschaftler neue Apparate und sehen sich nach neuen Dingen um. Und was noch wichtiger ist, während der Revolutionen sehen die Wissenschaftler neue und andere Dinge, wenn sie mit bekannten Apparaten sich an Stellen umsehen, die sie vorher schon einmal untersucht hatten."[1] Revolutionäres ist damit auch in den Künsten wie den Wissenschaften zuhause, dürfte sich heute wissenschaftlich gleichfalls auf die Informationstechnologie konzentrieren.

Drittens ist es klar, dass Rorty nur die Inspiration durch Revolutionäre schätzt, die mit ihren utopischen Metaphern die liberale Welt befruchten sollen. Von der Gewalt aber, so hofft Rorty, müssen sie sich abbringen lassen und letztlich doch Reformer werden. Denn „eine Gesellschaft ist dann liberal," bemerkt er, „wenn ihre Ideale durch Überzeugung statt durch Gewalt, durch Reform statt durch Revolution, durch freie, offene Begegnungen gegenwärtiger sprachlicher und anderer Praktiken mit Vorschlägen für neue Praktiken durchgesetzt werden." (KIS 110) Letztlich muss sich der romantische Revolutionär in einen Ironiker

---

[1] Thomas S. Kuhn, Die Struktur wissenschaftlicher Revolutionen (1961), Frankfurt/M. 1973, 123

verwandeln, der trotz oder wegen des Sinns für Kontingenz, sich politisch engagiert. Er hat gelernt, dass es keinen historisch objektiven Standpunkt gibt, dass die technologische Entwicklung nicht automatisch wie bei Marx humanisierende Wirkungen entfaltet, ja dass vor allem auch Solidarität keine Anlage des Menschen ist, sondern durch bestimmte Vokabulare gefördert wird, und dass man individuelle Hoffnungen daher besser privat verfolgt. So hält Rorty fest: „Meine ‚poetisierte‘ Kultur ist dadurch charakterisiert, dass der Versuch, die privaten Formen des Umgangs mit der eigenen Endlichkeit und das Gefühl der Verpflichtung anderen gegenüber eins werden zu lassen, aufgegeben wurde." (KIS 121) Just in dieser Hinsicht hat Rorty vor allem die Umwelt- und Ökologieaktivitäten jedoch falsch eingeschätzt, wenn man sich privat ökologisch verhält und dadurch politische Effekte entstehen.

Für Rorty hat das Gemeinwesen jedoch keine Grundlage in einem innerlich angelegten Wir-Bewusstsein, das allen Mitgliedern immer schon eignen würde. Vielmehr beruht sie auf einer Zusammenarbeit zum Zwecke des gegenseitigen Nutzens. Hier folgt Rorty einem utilitaristischen Gedanken, beruft er sich dabei auf John Stuart Mill. Damit beschreibt Rorty „eine Gesellschaft, die man als Arbeitsgemeinschaft von Exzentrikern zum Zweck wechselseigen

Schutzes, nicht als Versammlung von Seelenverwandten sehen sollte, die sich in einem gemeinsamen Ziel vereint haben." (KIS 108) Das ist nicht die kommunistische Gemeinschaft der Angepassten, Gleichen, von Kants Untertanen, die nach einem moralischen Imperativ verlangen. Auch nicht die faschistische Gesellschaft der gleich Unmündigen, der verantwortungslosen blinden Nutznießer eines Regimes, die einem Führer gehorchen, um nicht selber nachdenken zu müssen.

Vielmehr geht Rorty von Individualisten aus, die sich indes auf ihre exzentrische Art jeweils anders ihrer Gemeinschaft verbunden fühlen und ihr auch dienen. Denn damit ist nicht von einem Primat des Individuums wie bei Rawls die Rede. Das wird vor allem an einer anderen Stelle deutlich, wenn Rorty dezidiert fordert: „Wir müssen die Treue zu gesellschaftlichen Institutionen als etwas ansehen, das so wenig der Rechtfertigung durch Rückgriff auf allgemein anerkannte Voraussetzungen bedarf, aber auch so wenig willkürlich ist wie die Wahl von Freunden oder Helden. Eine Wahl dieser Art trifft man nicht durch Rückgriff auf Kriterien." (KIS 100) Damit wendet sich Rortys Liberalismus einem Kommunitarismus zu: Die Gemeinschaft hat dann das Primat gegenüber der Zeitgenossin, die sich an der Gemeinschaft orientieren muss. Vor allem macht es sich Rorty damit zu einfach: gerade jene, die sich um das Denken bemühen, geben sich damit nicht mehr zufrieden, wiewohl viele von ihnen sich im Notfall verantwortlich verhalten, verantwortlich für den Fremden, den Emmanuel Lévinas zum Prototyp des Anderen erhebt.

Weder durch eine sozialkritische Reflexion noch durch neue Metaphern, die eine andere soziale Geschichte erzählen – man denke an die Hippies – darf sich die Bürgerin von ihrer Gesellschaft einfach entbunden fühlen, weil Reflexion und Metaphern ironisch und somit privat bleiben. Soweit reicht die poetisierte liberale Kultur denn doch nicht, stützt diese sich gerade nicht auf die Widerständigkeit der Zeitgenossin, wie sie von Camus, Sartre und de Beauvoir entworfen werden und die sich vor allem in der Frauenbewegung realisierte, wenn sich Frauen gegen das Patriarchat auflehnen, sich weigern, weiter die ihnen zugedachte Rolle zu spielen und sich stattdessen eigenen Lebenswegen zuwenden, was voraussetzt, dass sie sich ökonomisch von Männern selbstständig machen, just wenn sich das in der „'Karriere' (. . .) einer im Idealfall natürlich vollzeitbeschäftigen Supermarktkassiererin"[1] realisiert, wie es Wolfgang Streeck disqualifiziert. Jedenfalls schreibt Simone de Beauvoir in ihrer

---

[1] Wolfgang Streeck, Gekaufte Zeit – Die vertagte Krise des demokratischen Kapitalismus, Berlin 2013, 43

Grundlegung des neueren Feminismus: „Unsere Perspektive ist die der existentialistischen Ethik. Jedes Subjekt setzt sich durch Entwürfe konkret als eine Transzendenz. Es verwirklicht seine Freiheit nur durch deren ständiges Überschreiten auf andere Freiheiten hin. Es gibt keine andere Rechtfertigung der gegenwärtigen Existenz als ihre Ausdehnung in eine unendliche offene Zukunft. Jedes Mal wenn die Transzendenz in Immanenz zurückfällt, findet eine Herabminderung der Existenz in ein ‚An-sich' und der Freiheit in Faktizität statt."[1]

Wenn auch diese Widerständigkeit in den Widerstandsbewegungen gegen den Nationalsozialismus entstand, so konnte sie sich darin nicht mehr fortschreiben, da sich diese auflösten, als letzterer besiegt war. Vornehmlich in der Emanzipation der Frau hat sie sich jedoch realisiert.

---

[1] Simone des Beauvoir, Das andere Geschlecht – Sitte und Sexus der Frau (1949), 5. Aufl. Reinbek 2005, 25

ÜBER DEN *ZWEITEN TEIL*
KRITIK AN IRONIE UND PHILOSOPHIE

Der zweite Teil des Buches unter dem Titel „Ironismus und Theorie" beschäftigt sich gemäß der Begriffsfolge im Buchtitel mit der Ironie, die sich als Ergebnis der Einsicht in die Kontingenz liest und die Rorty im vierten Kapitel von der Solidarität abgrenzt, wie es schon dessen Titel andeutet „Private Ironie und liberale Hoffnung". Wer sich wie Gabriel Marcel in einem göttlichen Heilsplan aufgehoben sieht, der muss sein Leben ernst nehmen, weil es schlicht nicht endet und dabei noch von einem Patriarchen gelenkt und kontrolliert wird, dem der Betreffende schöntun muss. Dann bliebe der Bürgerin gar nichts anderes als Gehorsam und Demut, aus der sich viele Frauen jedoch befreien wollen. Wer sich dagegen wie Sartre als in die Welt geworfen versteht und die niemanden anderen dafür verantwortlich machen kann und vor allem gar nicht will, der bleibt gar nichts anderes als emanzipatorisch das

Gefühl, selbst, Schöpferin jeglichen Sinns zu sein, der damit freilich absolut kontingent wird und den die Bürgerin bei etwas Nachdenken natürlich nicht ernst nehmen kann, sondern ironisieren muss. Der selbst gebastelte Sinn kann selbstredend nicht mit dem Ernst des Heilsplans konkurrieren. Dafür muss sie keinem Mann mehr gehorchen, sich nicht demütig notorisch schuldig fühlen. Wie heißt es wiederum bei de Beauvoir: „Was der Frau in erster Linie fehlt, was sie in Angst und Stolz erlernen muss, ist die Annahme ihres Geworfenseins (. .).“[1] Dann tritt an die Stelle der Demut der Stolz. Sie muss sich nicht mehr als Mutter opfern, sei es den Kindern oder der Nation, hat die Wette Pascals nämlich Konkurrenz bekommen. Wenn man sich nicht in die Tradition fügt, gewinnt man das Diesseits, das man erlebt und in dem man sich dann entfalten kann, wie man will, – was zu Lebzeiten von Pascal durch Inquisition, genauer soziale Kontrolle nicht möglich war – und man verliert nur ein Jenseits, in dem man eine Ewigkeit lang Gott loben muss, den Vater, den man vielleicht gar nicht schätzt.

---

[1] Simone des Beauvoir, Das andere Geschlecht – Sitte und Sexus der Frau (1949), 5. Aufl. Reinbek 2005, 878

ZUM VIERTEN KAPITEL
IRONISCHER LIBERALISMUS UND SOLI-
DARITÄT

Ausgangspunkt ist Rortys Begriff des abschlie-ßenden Vokabulars. Praktisch jeder Mensch benutzt ein solches, um seine letzten Überzeu-gungen zu verdeutlichen. Die meisten vertreten dabei das, was man gängig als gesunden Men-schenverstand bezeichnet, den Rorty von der Ironie als dessen Gegenteil abgrenzt. So kon-statiert Rorty: „Gesunden Menschverstand ha-ben heißt selbstverständlich finden, dass Er-klärungen in der Sprache dieses abschließen-den Vokabulars ausreichen, um Überzeugun-gen, Handlungen und das Leben derer, die al-ternative abschließende Vokabulare benutzen, zu beschreiben und zu beurteilen." (KIS 128) Abweichende Vorstellungen werden daher als falsch oder zumindest merkwürdig abgetan, denn diese lassen sich offenbar von der Reali-tät nicht so beeindrucken, dass sie zum der Realität entsprechenden abschließenden Vo-kabular gelangen.

Der gesunde Menschenverstand geht natürlich davon aus, dass die Welt aus realen Essenzen besteht, die man entdecken muss, die sich keinesfalls bloßen Differenzen verdanken, die keine inhaltlichen Bestimmungen zuließen. Damit weist sich der gesunde Menschenverstand als eine Metaphysik aus, die mit ihren Sätzen die realen Essenzen erfasst, die daher denn auch keine bloßen Interpretationen in bestimmten Vokabularen sind. Richtig heißt dann: wirklich richtig; und nicht bloß richtig innerhalb eines Vokabulars. Nein, für den Metaphysiker gibt es denn auch nur eine Wirklichkeit, an der sich jedes Vokabular zu messen habe, nicht etwa unterschiedlichen Wirklichkeiten, die sich den jeweiligen Vokabularen verdanken würden, ohne dass sich dahinter eine „wahre Welt" offenbart, die nach Nietzsche „endlich zur Fabel wurde."[1]

Wenn es nur eine Wirklichkeit gibt, dann lassen sich Begriffe wie Gerechtigkeit, Wissen, Moral auch genau bestimmen, indem man ihr Wesen auf den Begriff bringt. Dann kann man das schließlich logisch begründen, indem man eine inferentielle Beziehung zwischen zwei Unterscheidungen herstellt. Daraus entsteht sogar eine Theorie, wenn solche Unterscheidun-

---

[1] Friedrich Nietzsche, Götzen-Dämmerung oder Wie man mit dem Hammer philosophiert (1888), KSA Bd. 6, München, Berlin, New York 1999, 81

gen in ein Netzwerk von weiteren Unterscheidungen eingebunden werden. Nach Rorty ist
das das metaphysische Paradigma der Rationalität, die auf diese Weise der behaupteten
Wirklichkeit immer näher kommen soll.

So teilen Metaphysiker die Bibliothek in verschiedene Disziplinen ein, die zusammen ein
systematisches Gesamtbild ergeben, das die
Wirklichkeit gemäß bestimmter Ordnungs-
strukturen widerspiegelt. Diesen patriarchali-
schen Metaphysiker konfrontiert Rorty mit der
Ironikerin, die sich von solchen Ordnungen
nicht beeindrucken lässt und sich auch nicht
mehr an diesen orientiert, so dass diese Ordnungen zwar durchaus fortbestehen, sich aber
zunehmend schwächen: Frauen stabilisieren
heute nicht mehr automatisch das Patriarchat.
Sie werden sich wahrscheinlich ernster als
vergleichbare männliche Intellektuelle nehmen. Aber zum alten Ernst gelangen sie nicht
zurück – es sei denn, sie denken wieder aus
der Tradition heraus.

Die Ironikerin betrachtet die Bibliothek
selbst dagegen nach Traditionen, d.h. nach
Vokabularen, und das heißt auch nach abschließenden Vokabularen, denen gegenüber
sie indes misstrauisch bleibt. Denn sie ist sich
darüber im Klaren, dass diese nicht halten,
was sie versprechen. Schon gar nicht vermag
sie zu glauben, dass Vokabulare die Realität

wiedergeben, auch nicht ihr eigenes. Vokabulare sind für sie immer kontingent, die die Wirklichkeit konstruieren, aber keinesfalls spiegeln. Letztlich spielen abschließende Vokabulare mit den Realitäten, gleichgültig wie ernst sie das Spiel nehmen, was nicht auszuschließen ist. Aber Terror verkörpert schlechthin die Auflösung jeglicher Realität, während Totalitaristen just durch den Terror die Wirklichkeit festzuschreiben versuchen.

Dagegen ist die Ironikerin vor allem ihrem eigenen abschließenden Vokabular gegenüber skeptisch. Ihr bleibt bewusst, dass es die Welt nicht spiegelt. Vielmehr könnte es sein, dass ihre Sprache, die sie gelernt hat, ihre Perspektiven auf die Welt verengt. Aber sie besitzt kein Kriterium dafür, das zu entscheiden, gibt es keine Metasprache. Daher verwendet die Ironikerin bevorzugt Worte wie Vokabular, Sprachspiel oder eben auch Perspektive. So beschreibt Rorty die Ironikerin: „Sie stellt sich abschließende Vokabulare als poetische Leistungen vor, nicht als die Früchte fleißiger Untersuchungen im Einklang mit vorher formulierten Kriterien." (KIS 133) Wenn das auch eine private Angelegenheit bleibt, so befruchtet die Ironikerin doch die Politik mit ihren Metaphern.

Ob Habermas' zwangloser Zwang des besseren Arguments oder Daniel Dennetts Mem als

Struktur der Kulturentwicklung, es handelt sich um poetische Leistungen, um Metaphern, mögen sie auch noch so umfänglich begründet werden. Wie schreibt doch Dennett: „Meme sind Viren des Geistes, die bloß aus Informationen bestehen. Sie müssen in den Geist eindringen und dort wieder und wieder und wieder eingeübt werden, aber sie müssen weder dies noch irgendetwas anderes verstehen."[1]

Dann bemüht sich die Ironikerin um Neubeschreibungen – und mit der Ironikerin spricht Rorty auch zumeist von sich selbst. So unterstellt Rorty der Ironikerin, dass sie die Europäerinnen deswegen schätzt, weil sie sich seit der Aufklärung um ständige Neubeschreibungen von Mensch, Welt und sich selbst bemühen, während Metaphysiker den wissenschaftlich technischen Fortschritt als Annäherung an die Natur verstehen. Daher überprüft die Ironikerin, insbesondere wenn sie französisch spricht, verschiedene Vokabulare denn auch nicht auf ihren Wahrheitswert, sondern sie beurteilt sie nach ihrer Nützlichkeit für ihre eigene Lage. Rorty schreibt: „Während die modernen Europäer in der Einschätzung des Metaphysikers besonders begabt sind zu entdecken, wie die Dinge wirklich sind, sieht eine Ironikerin die besondere Fähigkcit dieser Eu-

---

[1] Daniel C. Dennett, Von den Bakterien zu Bach – und zurück – Die Evolution des Geistes (2017), Berlin 2018, 199

ropäer in der raschen Veränderung ihres Selbstbildes, in der Umschaffung ihrer selbst." (KIS 134)

So bemüht sich die Ironikerin ständig darum, neue Vokabulare zu erfassen, will sie vermeiden, dass sie das eigene Vokabular borniert, so dass sie andere eben nicht mehr zu verstehen vermag. Man kann für sie denn auch einem Vokabular nur ein anderes entgegensetzen. Man kann es nicht derart kritisieren, funktioniert Kritik nur innerhalb desselben Vokabulars. Aber ein Kriterium, zwischen zwei Vokabularen zu entscheiden, fehlt der Ironikerin. „Antwort auf eine Neubeschreibung kann nur eine neue Neubeschreibung der Neubeschreibung sein." (KIS 138)

Kritik erhält damit eine andere Bedeutung als die, wie sie von Kant oder Marx entwickelt wurde, nämlich entweder die Grenzen der Vernunft zu bestimmen oder durch Kritik den ideologischen Schleier zu lüften, also anderen Vokabularen nachzuweisen, dass sie die Welt falsch bzw. überinterpretieren. Dagegen kann für Rorty Kritik nicht mehr sein, als die Dimension eines Vokabulars auszuleuchten und zu eruieren, inwieweit eine Neubeschreibung stattfindet oder nur die Wiederholung von Altbekanntem. Kant ist das jedenfalls näher als Marx.

Das ist genau die Aufgabe der Literaturkritik – ein Wort, das Rorty in einem weiten Sinn gebraucht, das längst nicht nur die Literatur, sondern auch die Philosophie angeht, jedenfalls wenn Philosophie nicht behauptet, die wahre Wirklichkeit zu erfassen, sondern sich nur als Verlängerung von Traditionen versteht, also poetische Leistungen zu vollbringen bzw. mit eigenen Vokabularen neue Erzählungen zu befördern. Das gilt nach Rorty für Hegel, Nietzsche, Heidegger und Derrida – bei Hegel darf man skeptisch sein. Wenn man in dieser Form Literaturkritik betreibt, dann lernt man verschiedene Lebensweisen kennen, was für Rorty eine moralische Funktion beinhaltet, indem es den Blick weitet und das Urteilsvermögen stärkt. Die Literaturkritik tritt somit an die Stelle von metaphysischen Morallehren. Daraus ergibt sich folgendes Szenario: „Ironikerinnen und Ironiker lesen Literaturkritiker und nehmen sie als Ratgeber in moralischen Fragen, einfach, weil solche Kritiker ein außergewöhnlich hohes Maß an Kenntnissen haben. Sie sind Ratgeber in moralischen Fragen, nicht weil sie besonderen Zugang zur moralischen Wahrheit haben, sondern weil sie viel herumgekommen sind. Sie haben mehr Bücher gelesen und lassen sich deshalb weniger leicht vom Vokabular eines einzigen Buches einfangen." (KIS 139) Durch Literaturkritik lernt man viele Erzählungen kennen, nicht nur eine wie die Bibel, mit der man dann alle anderen Erzählungen interpretiert und dadurch angleicht.

Je mehr sich die Ironie unter Intellektuellen verbreitete, umso wichtiger wurde die Literaturkritik. Allerdings vertiefte das auch den Graben zwischen den Intellektuellen und der Öffentlichkeit, die in der liberalen Welt noch weitgehend durch eine metaphysische Sprache geprägt wird. Zudem halten liberale Intellektuelle wie Habermas die Ironie für politisch und sozial destruktiv und betrachten Kontextualismus und Perspektivismus als politisch haltlos und somit als unverantwortlich. Philosophie muss sich für Habermas primär um ihre öffentlichen Einflussnahmen und Wirkungen kümmern. Nicht nur braucht die Demokratie die Philosophie. Umgekehrt gilt das nach Habermas auch. Denn Rationalität und Universalität unterstützen das soziale Band, auf dem gerade liberale Gesellschaften beruhen.

Derart dramatisiert Rorty die Lage nicht. Ja, er hält Habermas entgegen: „Die Vorstellung, liberale Gesellschaften würden durch philosophische Überzeugungen zusammengehalten, scheint mir lächerlich. Zusammengehalten werden Gesellschaften durch gemeinsame Vokabulare und gemeinsame Hoffnungen." (KIS 147) Aber hat das nicht doch noch einen religiösen bzw. metaphysischen Schein? Was heißt, dass Gesellschaften zusammengehalten werden? Müssen sie das überhaupt? In einer pluralistischen Gesellschaft mit diversen Emanzipationsprozessen erscheint das zumindest als schwierig. Dürfte es deshalb keine Emanzipationsbestrebungen geben? Oder sollten sie sich zumindest zurückhalten? Seit dem letzten Drittel des 20. Jahrhunderts scheinen Menschen weltweit dazu immer weniger bereit zu sein. Die Gegenreaktion präsentiert sich dann als radikaler Rechtspopulismus.

Für Rorty dagegen ist die Ironie wie die ironistische Philosophie von Hegel bis Derrida politisch einfach irrelevant. Aber sie spielen eine wichtige Rolle für die private Lebensführung. Überhaupt hat für Rorty Philosophie keine soziale Funktion, setzt er sie vielmehr beinahe mit der Literatur gleich, die ebenfalls keine politische Rolle spielt, was auf eingeschränkte Politik-, Literatur- und Philosophie-Begriffe hinausläuft. Nach Habermas braucht die liberale Freiheit einen philosophisch fundierten Konsens, den Rorty schlicht in Abrede stellt. Den Konsens reduziert Rorty darauf, dass allen die Chance der Selbsterschaffung gegeben werden sollte. Neben Frieden und Wohlstand sind dazu die bürgerlichen Freiheiten nötig. Unnötig dazu sind gemeinsame Auffassungen über die Ziele der Menschen und die Natur der Rationalität. Nötig bleibt, dass zur

Selbstschaffung die Menschen den Schutz der bürgerlichen Institutionen erhalten. So beschreibt er pragmatisch die liberale politische Freiheit: „‚Freie Diskussion' heißt hier nicht ‚ideologiefrei', sondern einfach das, was sich abspielt, wenn die Presse, das Gerichtswesen, die Wahlen und die Universitäten frei sind, die soziale Mobilität ausgeprägt und hoch, das Analphabetentum abgeschafft, höhere Bildung üblich ist und wenn Friede und Wohlstand die Freizeit ermöglicht haben, die man braucht, um vielen Leuten zuhören und über das nachdenken zu können, was sie sagen." (KIS 144)

Dagegen wurden Einwände erhoben, dass nämlich die metaphysische Rhetorik nötig für den Erhalt der liberalen Institutionen ist und dass es unmöglich erscheint, Grausamkeit als das Schlimmste zu empfinden, wenn die Bürgerinnen keinen metaphysischen Glauben an etwas allen Menschen Gemeinsames haben, wenn es keinen Konsens über die Demokratie gibt, wie es sich seit Mitte des zweiten Jahrzehnts des 21. Jahrhunderts abzeichnet.

Rorty gibt durchaus zu, dass die Popularität der liberalen Demokratie gelitten hat, dass die liberalen Hoffnungen an Attraktivität eingebüßt haben. Heute um so mehr. Und er muss auch zugeben: „Moderne, gebildete, säkulare Gesellschaften sind von der Existenz einigermaßen konkreter, optimistischer und plausibler politischer Szenarien abhängig statt von Szenarien zur Erlösung jenseits des Grabes." (KIS 148) Aber brauchen die Bürgerinnen solche Szenarien überhaupt? Beschränken sie sich nicht auf jeweilige Teilbereiche, in denen sich Bürgerinnen engagieren? Rorty denkt hier zweifellos noch von einem allgemeinen Standpunkt aus, der die diversen Emanzipationsbewegungen seit Mitte der 1950er Jahre nicht hinlänglich berücksichtigt und somit auch nicht Prozesse der *Involution*, die auf außerinstitutionelle Teilhabe und Einflussnahme auf politische Prozesse abzielen.[1] Andererseits kehren mit den religiösen und politischen Fundamentalismen auch Erlösungsvorstellungen wieder, die die liberale Demokratie teilweise erfolgreich bekämpfen.

Dagegen vermag nach Rorty eine sozialdemokratische Perspektive die Zeitgenossinnen kaum noch zu motivieren. Das Szenario wirkt bedrohlich und heute umso aktueller. Auch global erscheinen die westlichen Demokratien als Inseln, die sich hinter hohen Zäunen verstecken. So hofft Rorty stattdessen darauf, dass eine große Mehrheit sich zwar nicht mit der Ironie anfreundet, aber doch zumindest einen gewissen Nominalismus und Historis-

---

[1] Vgl. Hans-Martin Schönherr-Mann, Involution oder Revolution – Vorlesungen über Medien, „Bildung und Politik" an der Universität Innsbruck 2013-17, Norderstedt 2017, 18

mus übernimmt, der sich auch mit dem gesunden Menschenverstand rückzukoppeln vermag. Auf diese Weise würden sich nichtmetaphysische Vorstellungen verbreiten, wiewohl diese natürlich nicht mit denen der Ironikerin übereinstimmen. Doch sie werden den sozialen Hoffnungen denn auch schwerlich schaden. Die Zeitgenossinnen werden keine Gründe mehr dafür brauchen, andere nicht zu demütigen oder nicht grausam zu behandeln. Das wird so selbstverständlich wie Theologeme in einer religiösen Welt. Damit erhält auch die Solidarität in einer liberalen Welt ein hohes Maß an Selbstverständlichkeit. Rorty schreibt: „Eine solche Person braucht keine Rechtfertigung ihres Sinnes für Solidarität, denn sie wurde nicht in dem Sprachspiel erzogen, in dem man nach Überzeugungen dieser Art fragt und Rechtfertigungen bekommt." (KIS 149) Mehr ist an sich kaum zu erwarten als eine nominalistische und historistische Kultur.

Es wird keine ironistische werden, die Rorty schlicht nicht mehrheitsfähig erscheint – und deshalb letztlich auch nicht politikfähig. Einerseits liegt die Ironie den meisten Menschen einfach fern. Denn Ironismus heißt Neubeschreibung, nach der die Mehrheit gar nicht gefragt hat. Allerdings hat sich der Atheismus des 18. Jahrhunderts längst über die Kreise der Intellektuellen hinaus verbreitet. Aber wem fällt Neubeschreiben nicht schwer!

Doch man kann nach Rorty Ironie nicht der Jugend lehren. Den Atheismus schon? Ironie hat jedenfalls immer eine negative Implikation, distanziert sie sich nun mal von abschließenden Vokabularen, anders als der Atheismus, der selber ein abschließendes Vokabular bereitstellt und somit den Zeitgenossen, die Kant vor Augen hatte – Frauen waren freilich nicht darunter – gemeinhin akzeptabler erscheint. Auch daher bleibt die Ironie eine Privatangelegenheit, die dem Verdacht ausgesetzt ist, elitär zu sein bzw. nur einer kleinen intellektuellen Elite zu eignen, über die sich moralisch orientierte Menschen – und das sind die meisten – gemeinhin schnell empören. Viele Menschen wollen nämlich ernst genommen werden, genauso wie jegliches Leiden, das sie beklagen, so dass sie der Ironismus häufig verletzt und erniedrigt: „Neubeschreibung demütigt oft." (KIS 154)

So besteht höchstens eine lockere Verbindung zwischen Ironie und Liberalismus. Denn es ist auch nicht klar, ob die Ironie je der Freiheit der Menschen gedient hat. Ja, der Ironie kann man ob ihres elitären Zuges sogar einen Hang zum Antiliberalismus und Elitarismus unterstellen. Aber Platoniker oder wirklich eli-

täre Intellektuelle wie Strauss, Schmitt, Sloterdijk sind gar nicht ironisch.

Auch Metaphysiker betreiben häufig eine
Neubeschreibung der Verhältnisse, die den
Zeitgenossen aber als wahre Wirklichkeit einen
Vorteil für die Realisierung ihrer Interessen
vorgaukelt, oder sie zur Umkehr aufruft, wo-
rauf nicht erst heute gerade die Wähler der
Rechtspopulisten hereinfallen.

Das erkennt die Ironikerin natürlich als Illusion. Wenn sie liberal ist, dann verzichtet sie
aber auf große soziale Hoffnungen. Für sie ist
die Neubeschreibung der Macht kein Fortschritt, auf den sich Solidarität gründen ließe.
Für Ironikerinnen heißt Mensch sein vielmehr,
gedemütigt werden zu können. Um Demüti-
gung zu vermeiden, ist die Kenntnis anderer
Vokabulare wichtig, nicht aber eine gemeinsame Sprache, die es nicht gibt.

Gemeinsame Worte entstehen nach Rorty
durch gemeinsames Schmerzempfinden, nicht
durch Reflexion. Dann tritt phantasievolles
Einfühlungsvermögen an die Stelle von Rationalität. Wenn sich das freilich nicht begründen
lässt, dann erscheint die Phantasie wenig solidarisch. So hat für Rorty die ironistische Philosophie im weiteren Sinn auch nicht viel für
Freiheit und Gleichheit getan. Auch der Liberalismus präsentiert sich nicht unbedingt als die
Stimme der Unterdrückten.

Metaphysikern dagegen gilt Solidarität als eine allgemeinmenschliche Qualität, die nur entborgen werden muss. Dem kann Rorty im Anschluss an einen nichtmetaphysischen Liberalismus und auch ein wenig an die Ironie entgegenhalten: „Solidarität muss aus kleinen Stücken aufgebaut werden, sie wartet nicht schon darauf, gefunden zu werden, in Form einer Ursprache, die wir alle wiedererkennen, sobald wir sie hören." (KIS 161) Das ist eine der zentralen Thesen Rortys, die ihn von den meisten Philosophen unterscheidet. Daher steht im Mittelpunkt einer liberalen Kultur nicht die Metaphysik, nicht die Philosophie, nicht die Theorie, sondern die Literatur. Die Theorie fördert nicht die Solidarität, die Literatur schon. Denn diese liefert eine „Neubeschreibung statt Inferenz" (KIS 135), mit denen sich die Theorien gemeinhin abmühen. Schließlich geht es dabei nicht um die Erfassung des Ganzen, sondern um die mikrologische Beschreibung. So steht Rorty hier Foucault denn doch nicht so fern.

Dabei ist er freilich überzeugt, dass alleine die liberale Freiheit Bedingungen schafft, so dass sich das Wahre und das Gute von selbst entwickeln werden – was zwar nur einer Hoffnung gleicht, aber entfernt auch einen Mechanismus impliziert, so das Freiheit humanisierende Wirkungen nach sich ziehen soll. Denn er vertritt den Anspruch, „dass Wahrheit und das Gute für sich selbst Sorge tragen werden, wenn wir nur für politische Freiheit sorgen." (KIS 145)

In dieser Hinsicht scheidet er sich wiederum von den postmodernen Philosophen und nähert sich Habermas an. Denn das klingt allerdings nach einer geschichtsphilosophischen Deutung von Fortschritt: Es gäbe etwas, dass man geplant erzeugen kann, so dass etwas anderes dadurch eintritt. Das erscheint genealogisch, vergisst allerdings, dass sich Nietzsches oder Foucaults Genealogien nicht zur Prognose verwenden lassen, dass es dabei gerade nicht um planbare Prozesse geht.

ZUM FÜNFTEN KAPITEL
LIBERALISMUS UND INDIVIDUALISMUS

Im fünften Kapitel „Selbsterschaffung und Affiliation: Proust, Nietzsche, Heidegger" wiederholt Rorty letztlich seine Argumentation aus dem vierten Kapitel anhand dreier Beispiele und kommt am Ende zu selben Ergebnis, dass ironistische Philosophie in der Politik kaum eine Rolle zu spielen vermag, denn sie unterscheidet sich zu deutlich von der Metaphysik: *Kontingenz, Ironie und Solidarität* positioniert sich zwar in der damals aktuellen Kommunitarismus-Debatte; primär aber grenzt sich Rorty von der damals ebenfalls brandheißen Postmoderne-Diskussion ab. Ein wenig möchte er sie seinen Freunden von der analytischen Philosophie schon vermitteln, eben als privatistisch, ironisch, verspielt, allemal nicht gefährlich, wenn sie privat bleibt. Aber politisch muss er sich von ihr distanzieren, um nicht seinen Ruf zu ruinieren.

Rorty verwendet dabei an Stelle des Wortes Philosophie das Wort Theorie, die sich um einen Blick von oben auf das Ganze bemüht: die marxistisch inspirierte Theorie will die soziale

Totalität erfassen, indem sie diese auf ihre ökonomischen Grundlagen zurückführt. Ironiker blicken dagegen nur zurück: Foucault – für Rorty führender Ironiker – beschäftigt sich sein Leben lang mit der Vergangenheit, ohne diese auf einen einheitlichen Begriff oder eine umfassende Theorie zu bringen. Daher sollte man eigentlich nicht von Theorie sprechen. Ob Derrida, Foucault oder Lyotard, sie entwerfen Genealogien im Sinn von Nietzsche.

Das heißt aber gerade nicht, dass sich ironistische Theoretiker nicht mehr mit der Metaphysik beschäftigen würden. Sie wollen sich schließlich von ihr abkehren. So konstatiert Rorty: „Das Ziel ironistischer Theorie ist es, den metaphysischen Drang, den Drang zum Theoretisieren, so gut zu verstehen, dass man vollkommen frei von ihm wird." (KIS 163) Ironische Philosophie – um das Wort Theorie zu ersetzen – will nur wissen, was Metaphysiker veranlasste, sich mit Theorie zu beschäftigen. Denn eine Theorie wollen Ironiker auch als Philosophen nicht entwickeln – man denke wieder an Foucault oder auch Derrida, dessen Dekonstruktion eigentlich nur eine Weise des Hinterfragens darstellt, die sich erst mit nicht mehr weiter analysierbaren Aporien zufriedengibt und das eigentlich nur, weil auch der Dekonstrukteur irgendwann müde wird.

Als Beispiele für Ironismus gelten Rorty indes Proust und Nietzsche, die derart in sich selbst verliebt waren, dass sie sich um das Urteil der Umwelt wenig kümmerten. „Für Proust und Nietzsche aber", so Rorty, „gibt es *nichts* Mächtigeres oder Wichtigeres als Selbst-Neubeschreibung." (KIS 167) Dabei spricht Proust über zufällige Personen, Nietzsche freilich über philosophische Diskurse. Der junge Hegel, Nietzsche und Heidegger beschäftigen sich dabei mit der Philosophie, auf deren lange Tradition sie zurückblicken müssen, nicht mit einzelnen alltäglichen Personen wie Proust. So werden sie zu Theoretikern, die sich anders als Foucault, der im Archiv Akten studiert, nicht um die kleinen Dinge kümmern. Dabei bemühen sie sich nicht nur um eine neue Sichtweise auf die Philosophie, sondern um eine die ein neues, mit der alten inkommensurables Vokabular entwickelt.

Damit beschäftigen sich ironistische Romanschreiber nicht. Ihnen reicht es, Differenzen aufzuzeigen. „Private Autonomie", schreibt Rorty, „kann man gewinnen, wenn man die Vergangenheit auf eine Weise neu beschreibt, die der Vergangenheit selbst nicht eingefallen ist." (KIS 171) Ob spätere daran anknüpfen, das kümmert sie nicht. Die ironistische Philosophin dagegen begreift sich als Endpunkt der Geschichte der Philosophie als Theorie. So bekundete Umberto Eco, dass man einen Roman – *Der Name der Rose* – schreiben müsse, wenn man über die Welt nicht mehr theoretisch reden könnte. Oder man muss mit 50 mit einer Tänzerin durchbrennen, Entschuldigung, politisch korrekt heißt das heute und zwar in jeder Hinsicht: mit einem Tänzer. Stattdessen wird ein neues Denken und eine neue Epoche eingeleitet. Ironistische Philosophinnen bemerken dabei nach Rorty jedoch nicht, dass sie gerade damit die Metaphysik verlängern. Das widerfahre Nietzsche mit seiner Idee vom Übermenschen und mit dem Begriff des Willens zur Macht. Aber damit ebne er den Weg für Heidegger, genauer locke ihn in eine Falle, der Heidegger auch begeistert aufsitze. Denn, so Rorty „Nietzsche hat die vage Vermutung, dass das Kind, das in Zarathustras Parabel auf den Löwen folgt, der seinerseits das Kamel abgelöst hatte, irgendwie alle Vorteile des Denkens ohne die Nachteile einer besonderen Sprache haben werde." (KIS 187)

Damit deutet sich nämlich das Problem der Sprache an, das Heidegger umso mehr im Zeitalter der Sprachphilosophie antreiben wird, nämlich trotz aller Sprachpragmatik nach elementaren Gehalten der Sprache zu suchen. So bemüht sich Heidegger darum, auf die Worte zu hören, nicht um wie Nietzsche dadurch Macht zu entfalten, auch nicht um die Metaphysik zu überwinden, sondern um eine Gelassenheit gegenüber dem Denken wie den Dingen zu erreichen. In der Tat empfiehlt Heidegger einen gelassenen Umgang mit der Technik. Andererseits verstrickt er sich in hochnotpeinlichen Zeiten in die Macht.

Nach Rorty sucht Heidegger nach elementaren Worten, deren Bedeutung nicht vom Gebrauch abhängt. Aber welche Worte auch immer, ob das Sein, Physis oder Noein, was sie bedeuten, das ergibt ihr Gebrauch, natürlich auch jener, den Aristoteles davon macht. So kann Rorty dazu auffordern: „Bringe Heideggers Worte nie in einen Kontext; behandle sie nicht wie bewegliche Teile in einem Spiel, benutze sie weder als Werkezuge noch als relevant für andere Fragen als Heideggers eigene! Kurz, gib seinen Worten das Privileg, das du einem Gedicht gewährst, wenn es dir zu lieb ist, als dass du es zum Gegenstand von ‚Literaturkritik' machen möchtest (. . .)." (KIS 192) Also soll man Heidegger als Dichter verstehen, ihn eben privatisieren, was aber seine Analysen der Technik gleichfalls dorthin abschieben würde, die Rorty indes auch missfallen, weil sie sein mechanistisches Verständnis stören.

Mehr Einfluss hätte Heidegger gehabt, hätte er einen Bildungsroman geschrieben. Die Poetisierung der Theorie, die ihn vor dem Rückfall in die Metaphysik hätte bewahren sollen – und

damit vor dem Schicksal von Hegel und Nietzsche –, ist ihm nach Rorty jedenfalls misslun-
gen. Wenn er denn Einfluss auf die Öffentlichkeit gehabt hat, dann findet Rorty darüber
keine anderen Worte als die folgenden: „Aber
als Philosoph unseres öffentlichen Lebens, in
seinen Kommentaren zu Technik und Politik
im zwanzigsten Jahrhundert, ist er ärgerlich,
kleinlich, schief, zwanghaft – und gelegentlich,
in seiner übelsten Ausprägung (so, als er Hitler
rühmte, nachdem die Juden von den Universitäten vertrieben worden waren), grausam."
(KIS 199)

Somit hält Rorty die ironistische Theorie, also eigentlich die Philosophie, insgesamt für
gescheitert. Es ist ihr nicht gelungen den sys-
tematischen Diskurs in einen erzählerischen
aufzulösen. So kehrt sich Rorty von Heideggers
Versuch ab, Wahrheit und Macht zu trennen,
will er vielmehr beide vereinen, somit Pragmatismus und Humanismus, was für Heidegger
eine der schlimmsten Formen des Nihilismus
und somit der Metaphysik wäre. Das ist es
nach Rorty allerdings dann nicht, wenn private
Selbsterschaffung und öffentliche Politik von-
einander getrennt werden, im Privaten sich die
ironistische Philosophie genauso ausbreiten
darf wie die Erzählung, während Rorty in der
Politik weiterhin auf einen metaphysischen
Liberalismus setzt, der nicht zuletzt nötig ist,

weil damals vor noch nicht so langer Zeit der Marxismus gefährliche Erfolge feierte, bemerkt doch Rorty: „Der Marxismus erregt den Neid aller späteren intellektuellen Bewegungen, weil es einen Augenblick lang so schien, als zeige er, wie Selbst-Erschaffung und soziale Verantwortung, heidnischer Heroismus und christliche Liebe, kontemplative Distanz und revolutionäres Feuer zu einer Synthese gebracht werden können. Nach meinem Verständnis der ironistischen Kultur können solche Gegensätze in einem Leben kombiniert, aber nicht in einer Theorie zur Synthese gebracht werden. Wir sollten nicht mehr auf einen Nachfolger des Marxismus oder auf eine Theorie warten, die Anstand und Erhabenheit verschmilzt." (KIS 200) Galten diese Sätze schon nicht mehr, als sie publiziert wurden, weil der Realsozialismus gerade unterging? Wohl kaum. Und wenn der neue Faschismus mit dem Marxismus schwerlich auf der theoretischen Ebene konkurrieren kann, dann braucht ersterer daher – wie es Rorty ja empfiehlt – theoretisch auch nicht ernstgenommen werden. Nein, man darf seine angeblichen Argumente – nämlich Fake-News – überhaupt nicht für der Rede wert erachten, sind sie schließlich nicht satisfaktionsfähig.

ZUM SECHSTEN KAPITEL
DEKONSTRUKTION ALS IRONISTISCHE SPIELEREI

Bei Derrida, dem Rorty das sechste Kapitel „Von der ironistischen Theorie zu privaten Anspielungen" widmet, liegt der Fall etwas anders. Er unterscheidet den frühen Derrida der sechziger Jahre vom späteren. Der frühe – man denke vor allem an die *Grammatologie* – vollzieht nach Rorty dieselbe Bewegung wie Heidegger und will natürlich genauso, jenen Fehler vermeiden, dem Heidegger zum Opfer fiel, der ihn in die Metaphysik einkehren ließ, nämlich nach Worten zu suchen, die ein Privileg gegenüber anderen Vokabularen haben, also den der geringeren Kontingenz. Auch Derrida sucht in der Sprache ähnlich wie Heidegger nach Strukturen der Metaphysik, die gleichfalls die Bedingung von Heideggers Ansatz darstellt, der ja in die Metaphysik zurückgerutscht ist. Doch Rorty attestiert dem frühen Derrida, dem Schicksal Heideggers, nämlich der Metaphysik, nicht entgangen zu sein. Derrida suche – so Rorty – nach dem Urgrund der Sprache, den Heidegger übersehen hat – man denke an die Schrift bzw. an Spur und Urspur. Auch dieser ironistischen Philosophie Derridas gelingt es nicht, die Metaphysik hinter sich zu lassen. Ob Rorty damit Recht hat, darf man bezweifeln. Denn Derrida schreibt: „Die metaphysische Tradition zu dekonstruieren, kann jedoch nicht darin bestehen, sie umzukehren, die Schrift von Schuld reinzuwaschen; sondern vielmehr darin, zu zeigen, warum die Gewalt der Schrift nicht eine unschuldige Sprache überkommt. Es kann eine ursprüngliche Gewalt der Schrift nur geben, weil die Sprache anfänglich Schrift (. . .) ist.“[1] Ja, Derrida sucht nach einem anderen Anfang. Aber dieser erweist sich nicht als ein Ursprung, sondern als eine Genealogie der gesprochenen Sprache, die er mit dem ihr anderen in Verbindung bringt, nämlich der Schrift, ein Zusammenspiel, das keineswegs friedlich bzw. gewaltfrei verlief, was Heidegger gar nicht gestört hätte.

Doch diese Bemühung gibt Derrida auf, so dass Rorty bemerken kann: „Der spätere Derrida privatisiert sein philosophisches Denken und löst dabei die Spannung zwischen Ironismus und Theoretisierung.“ (KIS 207) Statt nach Hintergründen zu suchen, die die früheren Philosophen in die lange Reihe der Metaphysiker einreihen, fängt Derrida an, diese

---

[1] Jacques Derrida, Grammatologie (1967), Frankfurt/M. 1983, 66

Philosophen als Anregungen zur Reflexion zu benutzen, bei der er sich dem freien Lauf der Phantasie anheimgibt, lässt er sich von der jeweiligen Philosophie inspirieren. Wenn man ironistische Theorien bis an ihr Ende denkt, dann gelangt man just zu diesem Abschied der Theorie im engeren Sinn, ist Derrida für Rorty mehr Literat als Philosoph, was aber kein pejoratives Urteil sein soll, sondern im Sinn von Rorty eigentlich nur von einem merkwürdigen Philosophie-Verständnis kündet. Die späteren Texte Derridas erscheinen ihm denn auch als philosophische Spielereien, mit denen Derrida einen eigenen unvergleichbaren Stil entwickelt, bemüht er sich darum, jegliche Wiederholungen zu vermeiden. Trotzdem treffen auf Derrida folgende Worte Rortys durchaus zu: „Das Ziel ironistischer Theorie ist es, den metaphysischen Drang, den Drang zum Theoretisieren, so gut zu verstehen, dass man vollkommen frei von ihm wird. Die ironistische Theorie ist also eine Leiter, die man wegwerfen kann, sobald man herausgefunden hat, was die eigenen Vorgänger zum Theoretisieren getrieben hat. Eine Theorie des Ironismus wäre das letzte, was ironistische Theoretiker wollen oder brauchen." (KIS 163) Das müsste dann auch für den frühen Wittgenstein gelten, wiewohl dieser denn doch nicht so ganz theoriefrei bleibt. Bei Derrida lässt sich nur im Werk der sechziger

Jahre ein theoretischer Ansatz finden, der zwar weiter wirkt, aber nicht erneut auf den Begriff gebracht wird.

Während viele Philosophen, allen voran Heidegger, das Lob der Einfachheit singen, beschäftigt sich Derrida dezidiert mit dem Komplexen, versucht er das Verwickelte gerade nicht zu entwirren, sondern dem Verwirrten nachzuspüren, um dabei nicht etwa auf etwas Unsagbares zu stoßen, sondern vielmehr noch weitere und zusätzliche Fingerzeige zu geben, indem er Aporien vorführt. Vor allem Derridas *Die Postkarte. Von Sokrates bis an Freud und jenseits* aus dem Jahr 1980 liefert dem Philosophie-Kundigen viele Anregungen, mit denen der Unkundige gar nichts anfangen kann. Aber auch der Kundige sucht vergebens nach Thesen oder Ergebnissen. So konstatiert Rorty: „Die unglaubliche Dichte von ‚Envois' – eine Dichte, die wenige andere Schriftsteller und kein einziger Philosophieprofessor der Gegenwart erreicht haben – zeigt sich gut in seinem Spiel mit den Gefühlen, die man Babys, und denen, die man Büchern entgegenbringt." (KIS 214) Rorty nimmt an, dass Derrida zwischen Literatur und Philosophie sowenig unterscheidet wie zwischen einem ernsten und einem spielerischen Schreiben, dass er auch Phantasie als Argument versteht und umgekehrt Argumente ins Phantastische kehrt. So versteht

Rorty Derrida eher als Dichter, ähnlich wie Proust, den man nun mal nicht einfach mit Argumenten kritisieren kann, der aber anders als Metaphysiker sich mit dem vermeintlichen Ist-Zustand nicht einrichtet und diesen als gegeben hinnimmt. Stattdessen verändern Dichterinnen diesen Bereich, erweitern ihn, eröffnen neue Perspektiven. Aber bei dieser Form des späteren Philosophierens geht es weder um die Moral noch um das Gemeinwesen. Für Rorty versucht Derrida nicht mehr wie Heidegger das Öffentliche und das Private irgendwie zu verbinden. Wem es um Selbsterschaffung und um Autonomie geht, der kann nicht mehr davon ausgehen, dass sein derartiges Handeln noch einen Sinn oder Nutzen für das Gemeinwesen hat. Rorty schreibt: Derrida „privatisiert das Erhabene, weil er aus dem Schicksal seiner Vorgänger gelernt hat, dass das Gemeinnützige nie mehr als nur schön sein kann." (KIS 208)

Anzumerken ist hier, dass Rorty dergleichen 1989 schreibt, in diesen Text also die späteren politischen Texte Derridas nicht mehr eingehen, vor allem die Vorträge aus den Jahren 1989-90 über die *Gesetzeskraft – Der ‚mystische Grund der Autorität'*., die in den folgenden Jahren doch einiges Aufsehen erregten. Diese sind erheblich politischer und lassen auch seine früheren Texte in einem politischen Licht erscheinen.[1] So schreibt Derrida: „Die Dekonstruktion, wenn es so etwas gibt, bleibt in meinen Augen ein unbedingter Rationalismus, der gerade im Namen der kommenden Aufklärung niemals davon abgeht, in dem zu eröffnenden Raum einer kommenden Demokratie argumentativ, durch rationale Diskussion, sämtliche Bedingungen, Hypothesen, Konventionen und Vorannahmen zu suspendieren (. . .)."[2] Für Derrida bleibt die Demokratie immer unvollendet, weil sich ihre Ansprüche letztlich nie erfüllen lassen. Denn man kann sich mit bestimmten festen Vorstellungen von Demokratie, beispielsweise der repräsentativen, nicht final abfinden. Die Zeitgenossin wird weiter fragen und sich mit welchen Konstruktionen auch immer nicht bescheiden. Die dekonstruktive Haltung verbindet sich derart mit Emanzipationsansprüchen, die vom privaten Bereich in den politischen hineinschwappen.

Auch die späteren Vorlesungen Michel Foucaults, die in den folgenden Jahrzehnten erscheinen werden, konnte Rorty 1989 nicht mehr berücksichtigen. hat sich seither eine

---

[1] Vgl. Hans-Martin Schönherr-Mann, Dekonstruktion als Gerechtigkeit – Jacques Derridas Staatsverständnis und politische Philosophie, Baden-Baden 2019

[2] Jacques Derrida, Die ‚Welt' der kommenden Aufklärung (Ausnahme, Kalkül und Souveränität); in: ders., Schurken – Zwei Essays über die Vernunft (2003), Frankfurt/M. 2003, 191

postmoderne oder linguistische politische Philosophie konsolidiert, die Jean-François Lyotard mit seinem Buch *Der Widerstreit* aus dem Jahr 1983 auf den Weg brachte, den Rorty indes hätte ausführlicher berücksichtigen dürfen.

ÜBER DEN *DRITTEN TEIL*
SOLIDARITÄT ODER GRAUSAMKEIT

Im dritten und letzten Teil, der den Titel „Grausamkeit und Solidarität" trägt, zeigt Rorty im siebten und achten Kapitel, wie bestimmte literarische Werke und damit auch Autoren dazu beitragen, gerade alltägliche Grausamkeiten zu entlarven, die sich hinter Üblichkeiten und Konventionen verbergen. Hier ist sein Beispiel primär Vladimir Nabokov, der gerade die liberale Ironikerin warnt, sich zur Grausamkeit verleiten zu lassen. Literatur verhilft vielmehr den Zeitgenossinnen, Grausamkeiten zu erkennen und zu vermeiden. Sie trägt damit dazu bei, dass die Zeitgenossinnen ein liberales Selbstverständnis entwickeln, denn Liberale zeichnen sich dadurch aus, dass sie, wie es Judith Shklar verlangt, Grausamkeiten unbedingt vermeiden wollen, dass Grausamkeit das Schlimmste ist bzw. die höchste aller Todsünden, während Grausamkeit interessanterweise nicht zu den christlichen Todsünden gehört.

Schließlich bedienen sich ihrer alle Religionen wie Politiken. Damit präsentiert sich das Christentum nicht als besonders human. Wie bemerkt dagegen Shklar: „Setzt man Grausamkeit an erste Stelle, wird man seinen Abscheu zügeln oder ihn humaneren Zielen zuwenden."[1]

[1] Judith Shklar, Ganz normale Laster (1984), Berlin 2014, 215

ZUM SIEBTEN KAPITEL
NABOKOVS PRIVATE GRAUSAMKEITEN

Dabei steht auch der Dichter in einem Spannungsfeld, dem es bewusst nicht primär um die Vermeidung von Grausamkeit geht. Denn derjenige, der der Gesellschaft ästhetisch begegnet, hält nicht deren Glück für das höchste Gut, sondern die freie Entfaltungsmöglichkeit für Künstler. Nabokov zweifelt nämlich am sozialen Fortschritt, so dass es ihm fragwürdig erscheint, für eine Welt zu arbeiten, in der die Grausamkeit abgebaut würde. „In dieser Hinsicht", so Rorty „gehörte er dem Altertum an, einer Zeit, in der soziale Hoffnung so offenkundig unrealistisch war, dass sie für Intellektuelle ohne Interesse war." (KIS 254) Das ist eine interessante Bemerkung, die auch zunächst plausibel erscheint.

Aber gab es in der Antike wirklich keine soziale Frage? Keine soziale Perspektive? Dem hat Jacques Rancière wenige Jahre später entschieden widersprochen, wenn er 1995 mit seinem Buch *Das Unvernehmen* eine linke politische Philosophie begründet: „Es sind die Alten, weit mehr als die Modernen, die als Prinzip der Politik den Kampf zwischen Armen und Reichen anerkannt haben. Aber genau genommen haben sie in ihm die eigentlich politische Wirklichkeit erkannt – selbst wenn sie ihn auslöschen wollten. Der Kampf zwischen Reichen und Armen ist nicht die gesellschaftliche Wirklichkeit, mit der die Politik rechnen müsste. Er ist identisch mit ihrer Einrichtung. Es gibt Politik, wenn es einen Anteil der Anteillosen, einen Teil oder eine Partei der Armen gibt. Es gibt nicht einfach deshalb Politik, weil die Armen den Reichen gegenübertreten und sich ihnen widersetzen. (. . .) Die Politik existiert, wenn die natürliche Ordnung der Herrschaft unterbrochen ist durch die Einrichtung eines Anteils der Anteillosen."[1] Selbstverständlich kannte man in der Antike keinen sozialen Fortschritt, aber durchaus einen sozialen Konflikt, der nach Rancière die Politik konstituiert, in der gegensätzliche Interessen aufeinander stoßen. Die Politik endet, wenn es den Herrschenden gelingt, diesen Konflikt stillzustellen. Insofern scheint sich Rortys These wider Willen einem marxistischen Blick zu verdanken. Erst mit dem Marxismus deutet sich angeblich eine wissenschaftlich belegbare Perspektive zur nachhaltigen Lösung der sozialen Frage an.

---

[1] Jacques Rancière, Das Unvernehmen – Politik und Philosophie (1995), Frankfurt/M. 2002, 24

Nach Rorty gerät Nabokov in die Nähe einer Unterscheidung zwischen Moral und Kunst, so dass Nicht-Ironiker die ästhetische Autonomie mit dem Vergnügen verbinden. Doch Nabokov beschäftigt sich weniger mit der Selbsterschaffung wie Proust, Nietzsche oder Derrida, sondern primär mit der Grausamkeit. Das thematisiert Rorty im siebten Kapitel „Der Friseur in Kasbeam: Nabokov über Grausamkeit" vor allem an dessen Roman *Lolita* aus dem Jahr 1955. Der Anfang des Titels bezieht sich auf eine Szene, in der sich einerseits ein Friseur aufdringlich verhält und andererseits der Ich-Erzähler erstens „einen Mangel an Neugier" (KIS 265) sowie zweitens eine „Unfähigkeit, irgend etwas wahrzunehmen, was für seine eigenen Obsessionen irrelevant ist", präsentiert, ein Verhalten, das damit gegenüber anderen Menschen grausam wirken kann. So hilft Nabokov dabei, der eigenen Grausamkeit quasi von innen nachzuspüren.

Das lässt auch Verbindungen zwischen Kunst und Grausamkeit erahnen, ist Nabokov der Auffassung, dass es in der Literatur nicht um Anteilnahme, sondern primär um die Form geht. Doch so einfach lässt sich die Gleichung nicht konstruieren, dass dann künstlerisches Schaffen automatisch als moralisch erscheinen müsste. Zumindest aber hat die Kunst eine Chance, in die Nähe der Moralität zu gelangen.

Denn, so Rorty, „Platon hatte recht, das Gute erkennen heißt, es zu tun, aber er gab genau den falschen Grund dafür an. Platon meinte, ‚das Erkennen des Guten' hänge vom Begreifen einer allgemeinen Idee ab. In Wirklichkeit aber ist das Erkennen des Guten gerade das Fühlen dessen, was anderen Menschen wichtig, was ihr Bild des Guten ist." (KIS 258) Genau das führt Nabokov in der angeführten Szene vor. Es geht darum, Sensibilität uns selbst wie gegenüber anderen zu entwickeln. Derart trägt er nach Rorty dazu bei, „ein *neues* abschließendes Vokabular auszuarbeiten" (KIS 232) bzw. stellt die herrschenden abschließenden Vokabulare in Frage. Aber Nabokov bleibt damit im privaten Bereich, mischt sich nicht in die Politik bzw. die Öffentlichkeit ein, empfiehlt kein neues öffentliches Vokabular, wiewohl auch er davor nicht ganz gefeit war.

Wenn es um Sensibilisierung geht, dann darf Literatur sich jedenfalls nicht zur obersten Aufgabe machen, die Realität möglichst objektiv abzubilden. Denn damit würde sie sich nur an den vorherrschenden abschließenden Vokabularen und Konventionen messen. Dabei geht es literarisch just darum, beides zu hintergehen. Das ändert nach Rorty allerdings nichts daran, „dass die literarische Sprache ein Parasit der Normalsprache, insbesondere der moralischen Normalsprache, ist und bleibt.

Außerdem wird Interesse an Literatur immer ein Parasit des Interesses an Moral sein." (KIS 272) Rorty verengt damit den Literaturbegriff, jedenfalls einen postmodernen. Selbstredend entgeht keine Kunst einer Rezeption, die in ihr Moralitäten diagnostiziert. Das schließt aber keinesfalls aus, dass Kunst aus Gründen rezipiert wird, die Moralität nicht weiter beachten. Man denke an Charles Bukowski oder Filme von Werner Herzog insbesondere mit Klaus Kinski.

Allerdings lässt sich Kunst, die gar keinen sozialen oder moralischen Orientierungen folgt, trotzdem dementsprechend interpretieren. Ja, mit Adorno entzieht sich hohe Kunst einer direkten Bezugnahme auf soziale oder moralische Kontexte und kehrt just dadurch in diese wieder ein. Adorno schreibt: „Soweit von Kunstwerken eine gesellschaftliche Funktion sich prädizieren lässt, ist es ihre Funktionslosigkeit. Sie verkörpern durch ihre Differenz von der verhexten Wirklichkeit negativ einen Stand, in dem, was ist, an die rechte Stelle käme, an seine eigene. Ihr Zauber ist Entzauberung. Ihr gesellschaftliches Wesen bedarf der Doppelreflexion auf ihr Fürsichsein und auf ihre Relationen zur Gesellschaft."[1] Wenn solcherart Kunst damit das gesellschaftlich be-

---

[1] Theodor W. Adorno, Ästhetische Theorie (1970), Frankfurt/M. 1973, 336

dingte Leiden ausdrückt, dann kehrt sie nicht nur in eine kritische, sondern auch in eine ethische Perspektive ein.

Dann behält Rorty sogar recht, freilich anders als es sich Adorno vorstellen würde. Denn er schreibt: „Wer Bücher schreiben will, die gelesen, statt ehrerbietig in Leder gebunden werden, der sollte lieber Prickeln als Wahrheit produzieren. Was wir *common sens* nennen – das Korpus allgemein anerkannter Wahrheit –, ist, ganz wie Heidegger und Nabokov dachten, eine Sammlung toter Metaphern." (KIS 246) Hinsichtlich des gesunden Menschenverstandes würde Adorno vermutlich zustimmen. Und wie sähe es mit dem Prickeln anstatt der Wahrheit aus? Prickelt es in Samuel Becketts *Endspiel*? Oder nicht eher in Pasolinis Roman *Vita violenta*? Letzterer bleibt konventionell, schließt beinahe an eine verblichene Bildungsromantradition an, während *Warten auf Godot* nicht nur ästhetisch avanciert ist. Würde dann Adorno doch zustimmen und sich das Statement Rortys sogar als richtig aufführen?

ZUM ACHTEN KAPITEL

DIE ÖFFENTLICHE GRAUSAMKEIT DES INTELLEKTUELLEN

Während Nabokov die private Seite der Grausamkeit durchleuchtet, setzt sich Orwell – so Rorty – mit der öffentlichen, der politischen Seite der Grausamkeit auseinander, und zwar weniger mit deren banalen, wie der subtilen Seite derselben, damit just derjenigen, die im öffentlichen Diskurs häufig gerechtfertigt oder zumindest verharmlost wird. Wenige Jahre nach dem Erscheinen von *1984* werden beispielsweise Sartre und Merleau-Ponty in der Auseinandersetzung mit Camus die sowjetischen Lager als unerheblich beiseiteschieben. In *Les Temps Modernes* schrieben sie damals: „Welches auch die Natur der gegenwärtigen sowjetischen Gesellschaft ist, die UdSSR befindet sich grosso modo in dem Gleichgewicht der Kräfte auf der Seite derer, die gegen die uns bekannten Ausbeutungsformen kämpfen."[1] Das ließe sich unter sogenannte Realpo-

---

[1] Maurice Merleau-Ponty, Jean-Paul Sartre, Leitartikel; in: Les Temps Modernes, Nr. 1, Januar 1950, 50

litik subsumieren. Aber verteidigt Rorty nicht auch die westliche Welt, obwohl sie ebenfalls für eine Vielzahl von Verbrechen verantwortlich zeichnet?

Jedenfalls ist Orwell gerade von marxistischer Seite ähnlich wie Camus massiv angefeindet worden. Auch wenn Rorty einen kleinen Hoffnung heischenden Blick auf Gorbatschow wirft, konstatiert er über Orwell: „Nehmen wir seine frühen Warnungen vor den halbgierigen, stupiden Konservativen wie vor den kommunistischen Oligarchen alle zusammen, dann ist seine Beschreibung unserer politischen Lage – der Gefahren und verfügbaren Optionen – noch immer so nützlich wie nur irgendeine, die wir sonst haben." (KIS 276) Sollte man dazu auf die heutige innenpolitische Lage in China hinweisen?

Man könnte meinen, dass sich in den neunziger Jahren eine hoffnungsfrohere Perspektive öffnet, die dann durch die Attentate vom 11. September 2001 jäh beendet wird. Daher darf man hinzufügen, dass sich mit dem weltweiten Erfolg des Rechtspopulismus die Lage noch viel nachhaltiger verschlechterte. Beinahe könnte man sich wundern, dass Rorty die Möglichkeit überhaupt in Erwägung zieht, dass Orwell als politischer Schriftsteller bei veränderter Lage in Vergessenheit geraten wird. Die aktuelle Brisanz erhält *1984* für Rorty indes weniger in den ersten Teilen, die das Leben unter dem Großen Bruder schildern, als vielmehr im letzten Teil, als der Held Winston von einem Intellektuellen O'Brian penibel verhört und sadistisch gefoltert wird – just der Teil, den viele Kritiker als den schlechten qualifiziert haben.

Denn O'Brian unterscheidet sich von Arendts *Eichmann in Jerusalem* just durch seine Bildung und seine intellektuelle Subtilität. Er lässt sich denn auch eher mit jenen Folterern vergleichen, die bei Stalins Säuberungen beispielsweise in Ungnade gefallene Wissenschaftler endlos verhörten. So schreibt Rorty: „Orwell war nicht der erste, der fürchtete, dass kleine Verbrecherbanden die Kontrolle über moderne Staaten in die Hand bekommen und, dank moderner Technologie, für immer behalten könnten. Aber er war der erste, der sich fragte, welches Selbstverständnis Intellektuelle in solchen Staaten haben würden, wenn erst einmal klar wäre, dass liberale Ideale sich nicht auf eine mögliche Zukunft der Menschheit beziehen ließen." (KIS 277)

Nach Rorty zeigt sich in der Auseinandersetzung zwischen Winston und O'Brian, dass es nicht um die Entschleierung der wahren Wirklichkeit geht, sondern um unterschiedliche Verständnisse von Wirklichkeiten, um unterschiedliche Vokabulare, die Wirklichkeit anders abbilden bzw. entwickeln. Auf diese Weise entfesselt Orwell die politische Geschichte des 20. Jahrhunderts aus den Zwängen der gängigen marxistischen oder liberalen Interpretationen. Insofern warnt Orwell vor der Benutzung bestimmter Vokabulare, ohne allerdings ein neues anzubieten, das gar abschließenden Charakter hätte. Orwell macht nach Rorty deutlich, dass man die hoffnungsfrohen Szenarien von Liberalen oder Marxisten um 1900 nicht mehr gebrauchen kann. Gerade die Liberalen haben kein Projekt mehr, wie man zu einer Welt der Menschenwürde, des Friedens und der Freiheit gelangen kann.

Dass die politische Geschichte, selbstredend vor dem Hintergrund der Sozialgeschichte, von der Kontingenz und nicht von Notwendigkeit gezeichnet ist, das führt die Figur O'Brian in doppelter Hinsicht vor. Einerseits weil sich hier zeigt, dass Bildung in keiner Weise Grausamkeit und Sadismus verhindert, jedenfalls unter bestimmten Bedingungen, nämlich unter totalitären. Und dass zweitens diese totalitären politischen Verhältnisse – wenn der Zufall es will – eintreten und es nichts gibt, mit dem man sich davor schützen kann. „O'Brian sagt," so Rorty, „es hat sich eben so ergeben, dass die Dinge so gekommen sind, und es hat sich so ergeben, dass das Szenario nicht mehr zu ändern ist. Es ist reine Kontingenz – wie die

Kontingenz eines Kometen oder eines Virus –, dass die Zukunft so aussehen wird. Wenn wir O'Brians Aussagen nicht als globale Behauptungen, sondern als bestimmte Vorhersagen aufgrund empirischer Daten verstehen, dann ist er eine viel beängstigendere Gestalt. (. . .) Eine Figur, die mehr Entsetzen erregt, können wir in keinem Buch finden." (KIS 296) Doch! So beschreibt Simon Ings, wie ein geübter NKWD-Leutnant den Genetiker Nikolai Wawilow 1940 verhörte: „Vom 14. August an verhörte er Wawilow nachts, und jede Befragung zog sich über zehn bis dreizehn Stunden hin. Nach zehn Tagen, am 24. August unterschrieb Wawilow sein erstes Geständnis: ‚Ich bekenne mich schuldig, seit 1930 einer antisowjetischen Organisation von Rechtsabweichlern angehört zu haben, die im Volkskommissariat für Landwirtschaft existierte.'"[1]

Für Rorty hat sich Orwell vom Marxismus nicht beeindrucken lassen und damit verbot sich ihm, in der politischen Entwicklung irgendeine Notwendigkeit zu erkennen. Die Zukunft lässt sich nicht vorhersagen, sondern bleibt das Produkt schlichter Zufälle. Das gilt auch für die Vergangenheit. Nur durch eine Sammlung von Zufällen hat sich in Europa eine Entwicklung angebahnt, bei der Mensch-

---

[1] Simon Ings, Triumph und Tragödie – Stalin und die Wissenschaftler (2016), Hamburg 2018, 343

lichkeit plötzlich anfing eine Rolle in der Politik zu spielen. Aber das kann sich wandeln und Orwell musste schließlich schon miterleben, dass sich Grausamkeit wieder massiv durchsetzte. Dagegen hilft eben auch keine Bildung, die davon abhängt, in welchem Rahmen sie stattfindet. Vielmehr spielen dabei Macht und Gewalt die entscheidende Rolle. So gelangt Rorty zu dem Fazit dieses Kapitels: „Nicht irgendwelche großen, notwendigen Wahrheiten über die menschliche Natur und ihre Beziehung zu Wahrheit und Gerechtigkeit werden darüber bestimmen, welcher Art unsere zukünftigen Führer sind, sondern allein eine Menge kleiner kontingenter Tatsachen." (KIS 304) Die Kontingenz verunsichert nachhaltig das Leben der Zeitgenossinnen: deswegen das Versicherungsunwesen, deswegen die unendlich vielen Formen von Prognostik, die doch Hegels Verdikt nicht entgehen, dass man die Zukunft nicht vorhersehen kann, nicht philosophisch und daher auch nicht wissenschaftlich; deswegen die Übernahme des apokalyptischen Denkens in die neuzeitlichen, modernen und postmodernen Wissenschaften.

Wenn sich die Bürgerin davon beeindrucken lässt, dann beherrscht sie eine Notwendigkeit, z.B. jene einer drohenden katastrophalen klimatischen Entwicklung. Dann ist die Bürgerin von einem solchen Denken gefangen. Wenn sie dagegen zwar den menschlichen Einfluss auf das Klima einräumt, auch dass es sinnvoll ist, massiv dagegen vorzugehen, sich aber keinesfalls apokalyptisch bedroht sieht, dann hilft ihr die Kontingenz dazu, ihre Freiheit zu verteidigen. Denn Rorty versteht „Freiheit als Erkenntnis der Kontingenz" (KIS 87), gerade nicht wie Marx als Einsicht in die Notwendigkeit. Apokalypsen und ähnliche christlichen Weltuntergänge sind nicht mehr als große Erzählungen, große Pädagogiken, die sich schlicht auf keinerlei Erfahrung stützen können, so dass sie keine Argumente sind. Vielmehr spielen sie mit dem Schrecken, wollen das Leben anderer Menschen durch Grausamkeit beeinflussen. Liberale müssen sich folglich vor dem Beschwören von Apokalypsen hüten.

ZUM NEUNTEN KAPITEL
KONTINGENTE ODER IRONISIERTE SOLIDARITÄT

Das letzte Kapitel widmet sich ausschließlich dem Thema „Solidarität", auch unter diesem schlichten Titel, wiewohl natürlich vieles andere dabei zur Sprache kommt. Rorty versucht die verschiedenen Argumentationsstränge zusammenzuführen und dabei zu einem pointierten Resultat zu gelangen, nämlich einer ethnozentrisch, d.h. empirisch begründeten Form einer beschränkten, aber ausdehnbaren Solidarität. Das senkt die Ansprüche, die an die Zeitgenossin erhoben werden. Sie muss sich nicht einbilden, eine Anlage zu einer allgemeinen Solidarität zu haben, die sie bloß nicht richtig entfalten kann. Das erleichtert ihr einerseits das Leben. Andererseits sieht sie sich durchaus mit Ansprüchen konfrontiert, die von ihr ein politisches Engagement verlangen, dem sie sich nicht so einfach zu entziehen vermag, also eine Art selbstverständlichen Einklang mit den gesellschaftlichen Üblichkeiten, wie sie bereits Judith Shklar formuliert.

Die beschränkte aber erweiterbare Solidarität beruht auf der Trennung zwischen Privatem und Öffentlichem. Diese hat Rorty in den beiden vorhergehenden Kapiteln ausgeführt, nämlich wie Literatur zeigt, wie Grausamkeit im privaten wie im öffentlichen Bereich vorkommt und dass man sich einer solchen Praktik entziehen sollte.

Im letzteren Fall aber erweist sie sich als besonders verheerend, wie es Orwell mit der Figur O'Brian zeigt, der just jene Solidarität zerstören will, die Menschen gerade in totalitären Verhältnissen entwickeln, wenn beispielsweise – so Arendt in *Eichmann in Jerusalem* – besonders Dänen und Italiener während dem Nazi-Terror Juden geholfen haben, obgleich sie sich selbst dabei in Gefahr brachten. Sie kämpften gegen Grausamkeit und damit gegen die Schmerzen, die diese verursacht. Wie schreibt doch Camus in der Untergrundzeitung *Combat*: „Wir kämpfen für die Nuance, die das Opfer von der Mystik, die Energie von der Gewalt, die Kraft von der Grausamkeit unterscheidet, für jene noch feinere Nuance, die das Falsche vom Wahren und den von uns erhofften Menschen von den von euch verehrten feigen Göttern unterscheidet."[1]

---

[1] Albert Camus, Briefe an einen deutschen Freund (Combat Juli 1943); in: ders., Kleine Prosa, Reinbek 1961, 83

O'Brian symbolisiert natürlich nicht nur hypothetische Entwicklungen, sondern auch die frühere Praxis staatlichen Eingriffs in die Privatsphäre. So erhält Rortys programmatische Trennung einen doppelten Sinn, nicht nur sollen private Idiosynkrasien aus der Politik verbannt werden. Umgekehrt soll die Politik denn auch Eingriffe in die Privatsphäre unterlassen, die gemeinhin grausame Konsequenzen für die Betroffenen haben. So endet *Kontingenz, Ironie und Solidarität* mit den Worten: „Nach meinem Sprachgebrauch ist das die Fähigkeit zu unterscheiden zwischen der Frage, ob du und ich dasselbe Vokabular haben, und der anderen, ob du Schmerzen hast. Die Unterscheidung dieser Fragen macht es möglich, öffentliche von privaten Fragen zu unterscheiden, Fragen nach Schmerzen von Fragen nach dem Sinn des Lebens, die Domäne der Liberalen von der Domäne der Ironiker. Damit wird es möglich, dass ein einziger Mensch beides zugleich sein kann, Liberaler und Ironiker." (KIS 320) Bewundert Rorty doch Foucault? Dann würde sich die Frage stellen, wie Rorty die postmoderne Philosophie als eine politische begreifen könnte. Einfacher erscheint, Rorty in die Perspektive der postmodernen politischen Philosophie einzubauen, wiewohl diese zu einer Bottom-up-Struktur neigt, Rorty aber an einer Top-down-Struktur festhält, eben als der elitäre US-amerikanische Intellektuelle, der den Wählern letztlich nicht traut, der aber darauf hofft, dass diese durch die weitere Hebung des Lebensstandards auch zu einem größeren Maß an Bildung gelangen. Ironiker wählen keine Rechtspopulisten!

Das bedeutet jedenfalls, dass sich Solidarität nicht in gleicher Weise auf den Menschen sowohl in seiner Privatsphäre als auch als politisches Wesen stützen kann, bzw. dass sich Solidarität in beiden Sphären unterschiedlich entfaltet. Das wäre natürlich trotzdem nicht der Fall, wenn Solidarität eine anthropologische Anlage darstellte, die das Individuum aus sich selbst heraus dazu motiviert, sich gegenüber anderen Menschen – welchen auch immer – solidarisch zu verhalten. Doch dagegen wendet Rorty ein: „Was man unter einem anständigen Menschen versteht, ist relativ zu historischen Bedingungen, hängt ab von einem kurzzeitigen Konsens darüber, welche Einstellungen normal und welche Handlungsweisen gerecht oder ungerecht sind." (KIS 305) Nur dass Anständigkeit noch zur militärischen Ethik des Untertan gehört, während dem stolzen selbstbewussten Individualisten Anständigkeit zu bieder klingt. Rorty schreibt nicht für Nietzsches Künstler, sondern für Kants Biedermann, dem durch Freud eine künstlerische Neigung zugeschrieben wird.

Moral und Solidarität können sich jedenfalls nicht auf eine überhistorische Anlage berufen, auf kein universalistisches Denken genauso wenig wie auf unabänderliche Institutionen, sondern höchstens auf abschließende Vokabulare, die sich möglicherweise aber wandeln oder von anderen ersetzt werden. Es gibt also für Rorty keine unabänderlichen ethischen Werte, die Leo Strauss unterstellt. Vokabulare haben keinen privilegierten Zugang zum Himmel der Ideen, zu den göttlichen Worten oder zur Empirie, sondern unterschiedliche Zugänge ohne letzte Gewissheiten – außer jenen, die von Gläubigen hochgehalten werden. Somit können Vokabulare, welche auch immer, keine originär allen Menschen eingegebene Solidarität ausweisen. Dann aber lässt sich natürlich bestreiten, dass eine universelle Solidarität mit allen Menschen nachhaltige Wirkungen auf die Zeitgenossinnen auszuüben vermag. Ein universelles „wir" vermag kein starkes Gefühl zu entwickeln, das unsolidarisches Verhalten verhindern könnte, ja das nicht mal solidarisches überhaupt hinlänglich zu befördern in der Lage wäre.

Solidarität entfaltet dagegen Stärke, wo sie sich auf die nähere Umgebung bezieht, auf bestimmte Gruppen, denen man sich konkret zugehörig fühlt, ohne dass man zu christlichen oder philosophischen Gründen Zuflucht suchen muss. Die Hilfe, die Juden in der Nazizeit von anderen Menschen erhielten, speiste sich schwerlich aus universellen Quellen – man denke an Oskar Schindler. So schreibt Rorty: „Aus meiner Position folgt, dass Solidaritätsgefühle davon abhängen, welche Ähnlichkeiten und Unähnlichkeiten uns besonders auffallen, und dass der Grad der Auffälligkeit wiederum davon abhängt, was vom Scheinwerferkegel eines historisch kontingenten abschließenden Vokabulars erfasst wird." (KIS 309)

Rorty schließt dabei an Wilfrid Sellars an, für den Solidarität nicht entdeckt, sondern entwickelt wird. Sie hat eine Entstehungsgeschichte, liegt also nicht immer schon im Menschen vor, sondern entfaltet sich in bestimmten Gruppen als Produkt historischer Zufälle. Trotzdem lässt sie sich ausdehnen. Das ‚wir' kann man erweitern und auf Menschen beziehen, die bisher nicht dazugezählt wurden. So fordert Rorty: „Wir sollten Ausschau halten nach marginalisierten Gruppen, die wir instinktiv noch immer unter ‚sie' einordnen, nicht unter ‚wir'." (KIS 316) Insofern soll man Menschen, mit denen man sich bisher nicht solidarisch fühlte, nicht mehr als Fremde sehen, nicht mehr die Unterschiede zur Gruppe des ‚wir' sehen, nicht deren Ferne, sondern deren Nähe und Ähnlichkeit. Parallel dazu sollten nach Rorty gängige Distanzierungen aufgrund unterschiedlicher ethnischer Herkunft, anderer Religionszugehörigkeit oder sexueller Orientierungen dabei an Gewicht verlieren.

Rorty gerät damit zwischen zwei Fronten. Mit der ersteren setzt er sich nicht auseinander, wiewohl sie via seiner Derrida-Lektüre doch nahegelegen hätte, bezieht sich letzterer auf Emmanuel Lévinas, der die Ethik auf ein anderes Fundament stellt als alle gängigen Modelle, nämlich ein Fundament, das im Einzelnen liegt. Wahrscheinlich hat Rorty schon deswegen einen solchen Ansatz als privatistisch eingeschätzt. Für diesen wiederum würde Rortys Bemühung den anderen Menschen angleichen, anstatt diesem in seiner Andersheit gerecht zu werden. Die Andersheit stützt Lévinas nämlich auf die unaufhebbare Fremdheit des Anderen, wenn er schreibt: „Die Fremdheit des Anderen, der Umstand, dass er nicht auf mich, meine Gedanken und meinen Besitz zurückgeführt werden kann, vollzieht sich nur als Infragestellung meiner Spontaneität, als Ethik."[1]

Auf der anderen Seite widerspricht Rorty mit seinem Ansatz dem ethischen Universalismus. Dabei dementiert er indes nicht, dass universalistische Vorstellungen von Vernunft und Moralität für die Entwicklung einer libera-

---

[1] Emmanuel Lévinas, Totalität und Unendlichkeit – Versuch über Exteriorität (1961), Freiburg, München 1987, 51

len Gesellschaft wichtig wären. Nur kann sich seine liberale Utopie heute darauf nicht mehr beschränken, denn die moralische Verpflichtung – gerade wenn sie sich universell präsentiert – gerät zu häufig mit privaten Interessen in Konflikt und kann längst nicht mehr ihre durchaus berechtigten und naheliegenden Ansprüche rational hinlänglich begründen. Das haben auch viele Vertreter der analytischen Philosophie längst erkannt. So schreibt Ernst Tugendhat: „Die Moral der universellen und gleichen Achtung, die Moral des Nichtinstrumentalisierens hängt in gewisser Weise in der Tat in der Luft: es lässt sich nicht mehr zeigen, dass sie das plausible (bestbegründete) inhaltliche Konzept des Guten ist, (. . .)."[1]

Aber mit dem Verblassen von Religion und Metaphysik im Bewusstsein westlicher Intellektueller endet nach Rorty keineswegs die Solidarität als Bemühung darum, Grausamkeit zu vermeiden. Sie verliert auch keineswegs an orientierender Kraft. Es gibt genug Beispiele dafür, dass Menschen auch um einer kontingenten Solidarität willen ihr Leben einsetzen. Da es für den Liberalismus keine letzten Begründungen gibt, da aber auch die Gegenargumente derselben Hinterfragung ausgesetzt sind, da kein abschließendes Vokabular defini-

---

[1] Ernst Tugendhat, Vorlesungen über Ethik, Frankfurt/M. 1993, 29

tive Gründe liefert, verdankt sich die Solidarität, wie sie Rorty entwirft, just diesem Zweifel.

Wenn man die Solidarität nicht universell begründen kann, sondern nur ethnozentrisch, dann weckt das bei Liberalen wie bei Ironikerinnen natürlich Zweifel an der Solidarität wie an diesem Ethnozentrismus. Diese Beschränktheit, die sich nicht mehr universell auflösen lässt, provoziert geradezu eine Solidarität, die es zu erweitern gilt, kann man sich mit der jeweiligen Beschränkung nicht zufrieden geben. Der damit verbundene Ethnozentrismus ist quasi selbstreflektiert, der sich dem Misstrauen der Liberalen gegenüber dem Ethnozentrismus verdankt. So entsteht eine „Solidarität, die als Selbstzweifel während der letzten Jahrhunderte allmählich den Bewohnern demokratischer Staaten eingeimpft wurde." (KIS 320) Daher kann man heute vom fundamentalen sozialen Gegensatz zwischen jenen sprechen, die selbstkritisch Rücksichtnahme gegenüber benachteiligten Menschen fordern – gleichgültig ob gegenüber den Armen oder den Fremden – und jenen, die dergleichen selbstbewusst ablehnen, weil sie dadurch ihre Vorstellungen gefährdet sehen und die sich höchstens gezwungenermaßen oder taktisch auf gewisse Deals einlassen, die ihnen letztlich Vorteile einbringen sollen. So trägt just Rortys so ironistische wie kontingente Solidarität dazu bei, die aktuellen Konflikte zu verstehen, die sich seit jenen Zeiten massiv verschärft haben.

Das betrifft auch die linke Kritik, Rortys Verteidigung der westlichen Kultur entspreche seinem Klasseninteresse als elitärer Intellektueller. Schwerlich lässt sie sich durch den Verweis auf die Selbstkritik den Wind aus ihren Segeln nehmen, würde sie dann schließlich nur eine kontingente Rolle in einer kontingenten ökonomischen Entwicklung spielen, deren Übermacht allein deshalb schon jeglicher Kontingenz widerstreitet. Und mit demselben Argument kritisieren christliche Vertreter den Liberalismus als Egoismus, würden alle Bemühungen, diesen sozial abzufedern ins Leere laufen.

Und der universalistische Relativismus-Vorwurf schlägt in die gleiche Kerbe, würde jegliche Relativierung ethischer Werte die Menschen noch hilfloser der neoliberalen Globalisierung ausliefern. Trotzdem entspricht das einer Wagenburg-Mentalität: alle müssen zusammenhalten, um sich der übermächtigen Feinde zu erwehren, ohne dass man bereit ist zuzugeben, dass der Neoliberalismus auch Vorteile hat und gewisse Fortschritte erbrachte.

Diese Vorwürfe sind allerdings kein Wunder, propagiert Rorty doch eine bunte Gesellschaft von vielen Minderheiten, die rechts nicht ge-

wünscht wird, die christlich häufig nur tole-
riert wird, wie sie links allemal der sozialen
Frage nachgeordnet wird oder universalistisch
allgemeinen Prinzipien untergeordnet. Denn
Rortys Solidarität ist „der Ethnozentrismus
einer ‚Wir-Gruppe‘ (‚wir, die Liberalen‘) (. . .),
die sich dem Ziel der Ausdehnung, der Erschaffung eines immer größeren und bunteren
ethnos verschrieben hat. ‚Wir‘ sind Menschen,
die im Misstrauen gegen Ethnozentrismus auf-
gewachsen sind.“ (KIS 319)

ÜBERBLICKE
AUSSCHLÜSSE, ANSCHLÜSSE, VERSCHIEBUNGEN

Wohin weist das politische Denken Rortys? Es gehört in die Ambiente eines sozialen Liberalismus, wie er in den USA bei den Demokraten zu finden ist, in Europa jedenfalls nicht mehr bei den Liberalen, höchstens bei den Sozialdemokraten, die sich Rorty nicht als Heimstatt gesucht hätte. Sowenig findet Rorty Anklang in der analytischen Philosophie, um so weniger je mehr sich die jeweiligen Vertreter links orientieren, wie die Rezeption im folgenden Kapitel auch zeigen wird.

Die meiste Aufmerksamkeit findet Rorty noch unter den Postmodernen, allen voran Gianni Vattimo, der konventioneller operiert als die französischen Poststrukturalisten. Dem möchte ich mich anschließen: Gegenintentional bzw. metonymisch kann man postmodern, ökologisch, sozialliberal und emanzipatorisch von Rorty in der politischen Philosophie und damit für die Politik vieles lernen.

EINWÄNDE UND FRAGEN
OBJEKTIVISMUS, ANTHROPOLOGIE UND KONTINGENZ

Ob *Kontingenz, Ironie und Solidarität* zu den wichtigen politikphilosophischen Werken des 20. Jahrhunderts zählen wird, dazu ist es sicherlich noch zu früh, um das zu beurteilen. Rortys Neopragmatismus fristet nicht zuletzt durch seine Nähe zum Poststrukturalismus in einer Welt ein Nischendasein, in der die analytische Philosophie und gewisse Varianten eines Neo- oder Postmarxismus die Lufthoheit über den philosophischen Stammtischen sowohl im Feuilleton als auch an den Universitäten besitzen. Da hilft es auch nicht, dass Rorty sein Denken immer politischer ausrichtete, bemerkt Thomas Schäfer 2001: Rorty „stellt (. . .) den Bereich des Politischen sogar als das Fundament, ja als dass Entscheidende seiner schriftstellerischen Bemühungen dar."[1]

---

[1] Thomas Schäfer, Politisches Engagement ohne philosophische Begründung? Rortyspolitisches Denken zwischen Ethno-

Hauke Brunkhorst sieht zwar klare Differenzen zur eher konservativ ausgerichteten politischen Philosophie vor allem im Anschluss an Platon. Aber er bemerkt eine erstaunliche Parallele: „Der Heidnische Idealstaat impliziert die Verewigung des Krieges, der Knechtschaft und der sozialen Hierarchie. Das ist für Pragmatisten ebenso unakzeptabel wie für die Frankfurter Schule."[1] Wenn er aber beiden einen epistemologischen Zweifel attestiert, dann entfernt er gerade Rorty aus jeglicher Nähe zu Habermas und einer eher links engagierten Sozialphilosophie, eine Nähe die Rorty selber ja durchaus sucht. Adornos Nichtidentisches, das den begrifflichen Zugriff ähnlich erschwert wie der utilitaristische Wahrheitsbegriff des Pragmatismus, relativiert auch jede soziale Perspektive – ein Relativismus mit der sich weder Habermas noch Karl-Otto Apel zufrieden geben würden.

Ja, letzterer geht noch einen Schritt weiter, wenn er Relativisten keinen Ausweg lässt: „Der Philosophierende braucht demnach die Zugehörigkeit zu einer kritischen Kommunikations-

---

zentrismus, Relativismus, Habermas und Foucault; in: Thomas Schäfer, Udo Tietz, Rüdiger Zill (Hrsg.), Hinter den Spiegeln – Beiträge zur Philosophie Richard Rortys mit Erwiderungen von Richard Rorty, Frankfurt/M. 2001, 167

[1] Hauke Brunkhorst, Kritische Theorie und Pragmatismus; in: ebd., 154

gemeinschaft weder dogmatisch noch in einer ‚irrationalen Entscheidung' (K. Popper) zu wählen, wenn es um *Letztbegründung durch transzendentale Reflexion* geht; denn er hat als Argumentierender die Voraussetzung der unbegrenzten kritischen Kommunikationsgemeinschaft immer schon implizit anerkannt."[1] Dann ist der Schritt, um die Seele auf den richtigen Pfad zu führen, um sie dadurch zu retten, nur noch ein kleiner, darf man dann auch jeglichen Widerstand des Überwältigten brechen – und zwar um seiner selbst willen. Die rhetorische Aggressivität von vielen Vertretern der analytischen Philosophie ist denn auch stadtbekannt: die Selbstgewissheit des eigenen Gnadenstandes von virtuosen-ethischen *white Anglo-Saxon Protestants.*

So fällt denn auch die Kritik von Habermas an Rorty viel schärfer aus, als umgekehrt Rorty gegen Habermas argumentiert – aber darauf weist ja Rorty schon selbst hin. Dass Vokabulare unabhängig von einer äußeren Welt nur interne Wahrheitskriterien besitzen, dem widerspricht Habermas vehement und ordnet Rorty damit einer postmodernen Verantwortungslosigkeit zu, wenn er schreibt: „Die Unterstellung einer objektiven, von unseren Beschreibungen unabhängigen Welt erfüllt ein

---

[1] Karl-Otto Apel, Transformation der Philosophie, Bd. 2, Frankfurt/M. 1973, 222

Funktionserfordernis unserer Kooperations- und Verständigungsprozesse. Ohne diese Unterstellung geriete eine Praxis aus den Fugen, (. . .)."[1] Also, wenn die Zeitgenossinnen keine gemeinsame Sprache haben, die sich auf davon unabhängige Sachverhalte bezieht, dann wird allerdings bereits die Kommunikation schwierig, wie der Umgang mit Verschwörungstheorien, identitären Ideologien oder religiösen Fundamentalismen vorführt. Postmarxisten machen dafür gerne die postmoderne Philosophie verantwortlich, übersehen nur, dass die von Habermas geforderte, von Beschreibungen unabhängige Welt selbst schon eine Beschreibung ist, die sich an vielen Stellen und aus diversen Perspektive bestreiten lässt. Sonst müsste Habermas sie auch nicht fordern, bzw. ein Glaubensbekenntnis, das diese objektive Außenwelt bekräftigt.

Aber diese Argumentation unterstützt auch Hauke Brunkhorst und kappt damit die Verbindungen zwischen Sozialphilosophie und Rorty in ähnlicher Weise wie Habermas, indem er Rorty implizit nachsagt, die von diesem propagierte politische Praxis verfalle dem Irrationalismus. So gibt es für Hauke Brunkhorst „ohne Begründungspraxis keine Problemlö-

---

[1] Jürgen Habermas, Wahrheit und Rechtfertigung – Zu Richard Rortys pragmatischer Wende; in: ders., Wahrheit und Rechtfertigung – Philosophische Aufsätze, Frankfurt/M. 1999, 249

sung. Lernprozesse dürfen nicht mit Manipulation gleichgesetzt werden. (. . .) In dieser Weise ist – auch wenn Rorty das bestreitet – Hoffnung intern mit Vernunft verbunden."[1] Eine interessante Bemerkung, gehört doch Hoffnung länger schon zu den christlichen Kardinaltugenden. Wenn Begründung ihrem Sinn Ehre machen möchte, dann muss sie bei klaren Sachverhalten einhalten. Aber gibt es in umstrittenen Angelegenheiten eindeutige Sachverhalte, die von allen anerkannt werden? Oder enden alle Begründungen nicht in Aporien? Heißt Begründen dann Dekonstruieren? Hat das Rorty wie der Pragmatismus zumindest sinngemäß längst erkannt, plädieren beide daher für einen pragmatischen Abbruch der Begründung, nämlich dort, wo weitere Begründungen für folgende Handlungen keine Rolle mehr spielen und nur noch in verbitterte ideologische Schlachten ausarten?

Just im gegensätzlichen Sinn wider die Dekonstruktion argumentiert Ronald Dworkin aus der Perspektive einer dezidiert normativ ausgerichteten Rechtsphilosophie. Dworkin wirft Rorty vor, die Verhältnisse zwischen Vokabularen nicht richtig einzuschätzen, würden sich bei genauerer Betrachtung nämlich die

---

[1] Hauke Brunkhorst, Kritische Theorie und Pragmatismus; in: in: Schäfer, Tietz, Zill (Hrsg.), Hinter den Spiegeln, Frankfurt/M. 2001, 161

Gegensätze auflösen lassen und die von Rorty bemerkten Schwierigkeiten würden gar nicht bestehen, „weil seine Position für die gewöhnliche Sichtweise nicht länger ein Problem darstellt."[1] Ja, Dworkin hat für viele Probleme eine Lösung, selbst für die Frage, wer nach welchem Verfahren ein überfülltes Rettungsboot verlassen muss. Doch diese Lösungen pendeln zwischen theoretischer Spitzfindigkeit, die sich nicht umsetzen lässt – das Losverfahren für das Rettungsboot – oder dem gesunden Menschenverstand, der oberflächlich keine Probleme mehr sehen will.

Dagegen schließt Gianni Vattimo aus dezidiert postmoderner Perspektive an Rorty an und denkt seine Konzeptionen weiter: „Zwar hütet sich Rorty davor, seine Theorie der Neubeschreibungen als einen ethischen Vorschlag erscheinen zu lassen, aber es gibt in seinen Schriften nichts, was diese Lesart verbieten würde."[2] Andererseits lässt sich schwerlich behaupten, dass Rorty bei den Nachfahren des Poststrukturalismus fleißig rezipiert würde, auch nicht bei denen, die sich dezidiert mit politischer Philosophie beschäftigen wie Jac-

---

[1] Ronald Dworkin, Verschiedene Sprachspiele? – Richard Rorty; in: ders., Gerechtigkeit für Igel (2011), Berlin 2012, 111

[2] Gianni Vattimo, Jenseits der Interpretation – Die Bedeutung der Hermeneutik für die Philosophie (1994), Frankfurt, New York 1997, 58

ques Rancière oder Giorgio Agamben. Eine gewisse Nähe könnte man Rorty dabei durchaus zur postheideggerianischen politischen Philosophie bei Hannah Arendt oder Sartre attestieren, ohne dass er allerdings bei deren Rezeption eine Rolle spielen würde.

Innerhalb der dominierenden Sozialphilosophie stößt er jedenfalls auf massive Ablehnung. Ein weit verbreiteter Vorwurf lautet denn auch, dass es Rorty an begrifflicher Schärfe genauso mangelt wie an klaren Unterscheidungen. So wirft ihm Josef Früchtl vor: „Mehrfach also verwischt Rorty Differenzen: die Differenz (. . .) wenn auch nicht explizit, zwischen einer demokratischen und einer ästhetischen Kultur."[1] Nun, für Rorty fördert die Literatur doch die Toleranz, gibt es einen notwendigen Übergang von der Ästhetik zur Demokratie.

Aber die Konsequenz daraus zieht Matthias Kettner und kritisiert Rortys Primat der Literatur gegenüber der Philosophie hinsichtlich der Moralisierung des einzelnen: „Was, wenn aber nicht die gefühlsbewegenden Geschichten des zur Menschenrechtskultur gehörenden egalitären Universalismus (. . .) das Rennen machen würden, sondern die gefühlsbewegenden Ge-

---

[1] Josef Früchtl, Demokratische und ästhetische Kultur – Folgen der Postmoderne; in: Schäfer, Tietz, Zill (Hrsg.), Hinter den Spiegeln, Frankfurt/M. 2001, 273

schichten von Rassismus, Hass, Segregation oder Suprematie (. . .)?"[1] Wer das Rennen macht, darüber kann man wohl schwerlich eine Prognose wagen, höchstens die, dass es sehr unwahrscheinlich erscheint, dass eine bestimmte Welterklärung einen Endsieg davontragen wird.

Doch den Ton verschärft Kettner noch wenn es um das Herzstück der politischen Philosophie Rortys geht: „Rortys Vorstellung, die Philosophie suche nach einem ‚Teil' in jedem einzelnen Menschen, das für Solidarität zwischen Menschen aufkomme, ist einfach zu krude, um sie interessant diskutieren zu können!"[2] Dann muss es nicht verwundern, dass im Hauptwerk von Otfried Höffe *Lebenskunst und Moral oder macht Tugend glücklich?* Rorty gar nicht erwähnt wird.[3]

Allerdings darf man fragen, worauf sich Marx' Idee einer Solidarität der Proletarier aller Länder stützen soll. Nur auf die vernünftige Einsicht, dass das Proletariat gemeinsam stark sein könnte? Aber für den einzelnen gilt das keineswegs in jeder Lebenslage.

---

[1] Matthias Kettner, Rortys Restbegründung der Menschenrechte. Eine Kritik; in: Schäfer, Tietz, Zill (Hrsg.), Hinter den Spiegeln, Frankfurt/M. 2001, 212

[2] ebd., 209

[3] Vgl. Otfried Höffe, Lebenskunst und Moral oder macht Tugend glücklich? München 2007

Die Solidarität wird noch fraglicher wenn Paul Mason nach einem historischen Subjekt an Stelle des Proletariats sucht: „Die vernetzten Bewegungen sind ein Beleg dafür, dass es ein neues historisches Subjekt gibt. Dieses Subjekt ist nicht einfach die Arbeiterklasse in neuem Gewand: Es ist die vernetzte Menschheit."[1] Aber woher soll diese sich denn solidarisch beseelen? Und warum sollte das global und nicht national stattfinden? So betont Martin Müller, „dass menschliche Solidarität nur Ziel sein kann, kein Faktum zur Begründung liberaler Politik."[2] Immerhin: Macht hätten die Proletarier. „Alle Räder stehen still, . . ." Aber lässt sich diese Macht zu einer Solidarität bündeln? Gar global? Sie könnte auch in Egoismus ausarten. Wenn das nicht der Fall sein soll, dann muss es eine Anlage zur Solidarität geben.

Die Anthropologie kehrt sogar in der Ambiente von Habermas wieder, wenn der Anthropologe Michael Tomasello schreibt: „Die Frühmenschen wurden (. . .) durch ökologische Umstände zu kooperativeren Lebensweisen gezwungen, und daher richtete sich ihr Den-

---

[1] Paul Mason, Postkapitalismus – Grundrisse einer kommenden Ökonomie, Berlin 2016, 279

[2] Martin Müller, Private Romantik, öffentlicher Pragmatismus? Richard Rortys transformative Neubeschreibung des Liberalismus, Bielefeld 2014, 435

ken stärker darauf, Möglichkeiten der Koordination mit anderen zu ersinnen, um gemeinsame Ziele oder gar kollektive Gruppenziele zu erreichen."[1] Das ist eine geradezu klassische Anthropologisierung der Ethik und verfängt sich somit immer in einem naturalistischen Fehlschluss. Auch Ernst Tugendhat insistiert darauf, „dass die Frage ,Was sind wir als Menschen?' diejenige Frage ist, in der alle anderen philosophischen Fragen und Disziplinen ihren Grund haben."[2] Wenn man indes Ethik oder Politik auf eine Lehre vom Menschen gründet, dann mündet das Menschenbild in eine Weltanschauung. Denn was der Mensch ist, das lässt sich schwerlich mit einer hinlänglichen Gewissheit ausmachen. Das aber wäre nötig, um eine Anthropologie zur Grundlage der Politik zu erheben. *Der Konflikt der Interpretation*, von dem Paul Ricœur als „Konflikt der rivalisierenden Hermeneutiken"[3] spricht, transformiert sich dann in einen Konflikt der Anthropologien, der heute ja durchaus immer noch Konjunktur hat.

---

[1] Michael Tomasello, Eine Naturgeschichte des menschlichen Denkens, Berlin 2014, 18

[2] Ernst Tugendhat, Anthropologie als erste Philosophie (2003); in: ders., Anthropologie statt Metaphysik, 2. erweiterte Aufl. München 2010, 34

[3] Paul Ricœur, Hermeneutik und Strukturalismus – Der Konflikt der Interpretationen I (1969), München 1973, 30

So bestreitet denn auch Udo Tietz, „dass sich der Ethnozentrismus und der Antirelativismus zusammen vertreten lassen."[1] Wenn man die Ethik nicht aufgeben will, dann muss man sie auf allgemeinmenschliche Anlagen zurückführen, also auf eine Anthropologie. Damit wäre auch Rortys skeptischer und reflektierter Ethnozentrismus gescheitert.

Dem widerspricht Christian Schwaabe: „Das Bekenntnis der Mitglieder heutiger westlicher Gesellschaften zu Demokratie und Menschenrechten ist das Bekenntnis von Menschen, die der gleichen symbolischen Gemeinschaft angehören. (. . .) Es sind dies historisch konkrete Erfahrungen und Geschichten, keine universalistisch verallgemeinerbaren Einsichten. Diese historische Bedingtheit zu betonen, mag ‚ethnozentrisch' erscheinen – ‚relativistisch ist sie nicht."[2]

Die meisten Philosophen und Wissenschaftler suchen jedenfalls nach einfachen Lösungen. Der Komplexität auch schon in einem überschaubaren Maße gerecht werden zu wollen, wie es Rorty im Anschluss an Derrida probiert, gilt weiterhin als Häresie.

---

[1] Udo Tietz, Das *principle of charity* und die ethnozentristische Unterbestimmung der hermeneutischen Vernunft; in: Schäfer, Tietz, Zill (Hrsg.), Hinter den Spiegeln, Frankfurt/M. 2001, 78

[2] Christian Schwaabe, Politische Theorie – Von Platon bis zur Postmoderne, 4. Aufl. Paderborn 2018, 300

VERSCHIEBUNGEN I
SKEPTIZISMUS UND VERANTWORTUNG

Dass man die Frage, was der Mensch sei, entweder durch Einblick in die Frühgeschichte oder durch mikrologische medizinische Analysen beantworten kann, lässt sich eigentlich a priori ausschließen. Wer dergleichen trotzdem unternimmt, folgert aus einem Teilbereich auf das Ganze, wie ominös dieses auch sein mag und spekuliert drohend mit einer Konstruktion: Denn es handelt sich dabei um einen performativen Akt, der niemals zu leisten vermag, was man mit ihm bewiesen zu haben postuliert: Eine solche Hypothese legt fest, was der Mensch sein soll, sie diagnostiziert nicht, wenn denn eine medizinische Diagnose keinen performativen Charakter hätte. Um eine schlichte Analyse handelt es sich allemal nicht.

Ähnliches gilt für die philosophische Anthropologie, die bestenfalls zu gewissen allgemeinen Kennzeichen gelangt, aus denen sich aber schwerlich schließen lässt, wie der Mensch zu leben hätte. Die Frage, was der Mensch sei, hilft somit nicht weiter, schon gar nicht politisch. Dass eine anthropologische Begründung der Politik eine aussichtslose Angelegenheit ist, das klarzumachen, dazu hat Rorty wesentlich beigetragen. Aber damit stemmt er sich gegen den Mainstream.

Es bleibt trotzdem nichts anderes, als den gegebenen Zustand, in dem sich die Zeitgenossinnen wie die sozialen Institutionen befinden, zu analysieren, um daraus Schlüsse zu ziehen, wie die Zeitgenossinnen leben, leben können und vor allem wie sie leben wollen, wobei zur Mündigkeit die Bereitschaft zur Toleranz gehört, die sich gegen jede Diskriminierung wehrt.

Jegliche Gemeinschaftsorientierung sieht sich dadurch natürlich geschwächt; denn sie bedarf allgemeiner Strukturen, die man anthropologisch, ethisch, religiös oder politisch voraussetzen muss, um ein Primat der Gemeinschaft gegenüber dem Individuum zu legitimieren. Und dann sieht man sich doch mit den Wünschen der Zeitgenossinnen konfrontiert sieht, die man zwar für tumb erklären kann, was diese allerdings zumeist wenig beeindruckt.

Rortys skeptischer Ethnozentrismus, der um seine Grundlosigkeit weiß, wäre Kommunitariern nicht genug. Wie sollte man darauf eine

Autorität stützen, die im äußersten Fall vom Mitglied der Gemeinschaft das Opfer zu fordern sich anschicken will. Denn man will das Opfer kommandieren – die Wehrpflicht – nicht darauf warten, dass sich die Bürgerin vielleicht von sich aus engagiert.

So denkt hier Rorty liberaler als die meisten Liberalen: Einerseits hinterfragt er den Ethnozentrismus; andererseits bleibt die Unerschrockenheit freiwillig, mit der die mündige Bürgerin für ihre Gesellschaft einsteht. Rorty nähert sich damit dem französischen Existentialismus an, wiewohl er nicht so weit geht, dass das Individuum aus der eigenen Widerständigkeit heraus nicht nur seine Freiheit erreicht. Vielmehr übt die Zeitgenossin dadurch auch Einfluss auf die Politik aus, die damit zwar zumeist nicht unmittelbar erreicht, wonach sie strebt, aber doch zumindest langfristig und von ferne auf Politik und Gesellschaft einwirkt. Während man im 19. Jahrhundert davon ausging, dass individuelle Aktivität folgenlos bleibt, wird heute gerne unterstellt, dass auch die geringste Aktivität Auswirkungen nach sich zieht, die nicht verloren gehen.

Jedenfalls hat die mündige Zeitgenossin den skeptischen Ethnozentrismus längst gelernt. Das ist in der Bundesrepublik wahrscheinlich weiter verbreitet als in vielen anderen Ländern. Aber überall spüren die toleranten, nachdenklichen und diskriminierungsallergischen Zeitgenossinnen eine Verantwortung gegenüber sozial und ethnisch schlechter Gestellten. Dieser Verantwortung verdankt sich dann auch eine sich verbreiternde Solidarität mit diesen Menschen aus aller Welt.

Das unterscheidet sich nicht nur von dem so selbstherrlichen wie diskriminierenden Egoismus des politischen wie religiösen Fundamentalismus. Der politische Skeptizismus entfaltet vielmehr eine erstaunliche Dynamik, die sich in den diversen emanzipatorischen Bürgerbewegungen der letzten Jahrzehnte realisiert, die Rorty in dieser Form nicht wahrgenommen hat. Doch seine Ideen können diese Entwicklungen durchaus spiegeln. Sie entsprechen nicht unbedingt der allgemeinen Entwicklung, rechnen sie noch nicht mit einem radikalen Rechtspopulismus, den er aber durchaus hätte erahnen können – man denke an Reagan, an die republikanische Opposition gegen die Clinton-Administration, an die Tea-Party-Bewegung.

Die vornehmlich sozialen Liberalisierungstendenzen seit den sechziger Jahren bringen Rortys Ideen auf den Begriff, die eine durchaus optimistische Atmosphäre schaffen, wiewohl just diese von allen Seiten bekämpft wird. Das Dilemma des sozialen Liberalismus ist, dass man die Zeitgenossen mit apokalyptischem

Pessimismus leichter erreicht, als mit einer Theorie eines richtigen Lebens im angeblich falschen. Wie soll sich die strikte Ablehnung der Grausamkeit verbreiten, wenn sich die Bürger nicht von vornherein mit allen anderen Menschen solidarisch fühlen? Wenn sie also keinen metaphysischen Glauben an die egalitäre Gemeinschaft aller Menschen besitzen? Wenn viele schlicht meinen, dass Demokratie nur den Zweck habe, ihre eigenen Interessen durchzusetzen und wenn sich das nicht realisieren lasse, dass die Demokratie dann abgeschafft gehöre? Oder selbstverständlich in eine andere ‚Demokratie' transformiert werden müsste?

Angeblich könne sich die liberale Demokratie gegen ihre Feinde nicht wehren. Dabei hat sich zuletzt gezeigt, dass eher konservative Parteien gerade dem rechten Populismus nacheifern.

VERSCHIEBUNGEN II
GEWALTENTEILUNG UND INVOLUTION

In der Tat hat es sich als schwierig erwiesen, eine attraktive liberale Neubeschreibung der Demokratie wie der Kultur zu entwickeln, was Rorty ja fordert. Erfolgreich werden liberale Kultur und Demokratie kaum von Liberalen verteidigt als vielmehr von Grünen und Sozial-demokraten. Um Rorty zu ironisieren: hierbei handelt es sich um seelenverwandte Exzentri-ker, die sich gemeinsame Ziele einbilden, um sich am Ende doch nur gegenseitig zu schüt-zen – eine durchaus berechtigte Bemühung. Und die damit realisierte Freiheit führt auch nicht irgendwie ohne Zutun zu einem gemein-samen Verständnis von Wahrheit oder des Gu-ten. Das Zutun lässt sich zwar nicht so fokus-sieren, dass es die liberale Demokratie auto-matisch stärkt. Aber zumindest indirekt führt es gelegentlich dazu, dass die liberale Freiheit weiter wächst, just dadurch, dass Kommunita-rier gegenseitig ihre exzentrischen Freiheiten schützen – just um ihre Vorstellungen zu verteidigen.

Da helfen Sozialdemokraten mal beim Atomausstieg mit oder Konservative akzeptieren den Mindestlohn oder Grüne verzichten auf ein Tempolimit auf Autobahnen. Liberale, Grüne und Antifaschisten machen beim *Christopher Street Day* mit. Oder die katholische Kirche versöhnt sich im Januar 2018 mit *Domum vitae* etc. Auf Druck der Öffentlichkeit, den engagierte Bürgerinnen erzeugen, haben viele Staaten in der westlichen Welt diskriminierende Gesetze abgeschafft, haben sich in die Ökologiebestrebungen eingeklinkt, müssen diverse Emanzipationsbestrebungen anerkennen und unterstützen.

Man darf mutmaßen, dass daran auch die ironistische Philosophie beteiligt war – zumindest die postmoderne – Lévinas, Foucault, Lyotard, Derrida, Vattimo – und dass sie damit denn doch auch manches für Freiheit, vielleicht nicht so viel für die Gleichheit bewirkte. So beförderte sie vielleicht auch ein ‚gemeinsames Schmerzempfinden' und ein ‚phantasievolles Einfühlungsvermögen'. Denn als dezidiert pluralistische Philosophie bemüht sie sich durchaus darum fremde Menschen zu verstehen. Sie will wissen, was anderen Zeitgenossinnen besonders wichtig ist und welche Vorstellungen sie vom Guten haben.

Rorty beschreibt just das, was mündige Zeitgenossinnen an- und umtreibt, die wesentlich zur Liberalisierung der Gesellschaft und zur Involution der Demokratie beigetragen haben, also dazu, dass auf die Politik außerinstitutioneller Einfluss durch mündige Bürgerinnen ausgeübt wird. Das hat einerseits das Feld der politischen Partizipation erweitert, die nicht mehr nur über politische Parteien oder demokratische Institutionen läuft, sondern durch die politische Aktivität engagierter Bürgerinnen außerinstitutionell befördert wird.

Andererseits hat sie damit die Perspektiven der Gewaltenteilung vergrößert, wie sie Odo Marquard formuliert hat: „Die politische Gewaltenteilung ist nur ein spezieller Fall jener durchgängigen Gewaltenteilung der Wirklichkeit, von der der skeptische Zweifel ein anderer spezieller Fall war und ist: beide gehören zur individuogenetischen Wirksamkeit der umfassenden Buntheit der menschlichen Lebenswirklichkeit."[1] Gewaltenteilung gehört damit zu wichtigen Bestimmungen der Involution: Skeptischer Zweifel, Skepsis gegenüber dem eigenen Vokabular, dem eigenen Ethnozentrismus, Verantwortung gegenüber dem Anderen in sei-

---

[1] Odo Marquard, Sola divisione individuum. Betrachtungen über Individuum und Gewaltenteilung (1988); in: ders., Individuum und Gewaltenteilung – Philosophische Studien, Stuttgart 2004, 83

ner Fremdheit, wie sie in der Ethik von Emmanuel Lévinas entworfen wird. Dem nähert sich auch Rorty an, wenn er an die Ethik David Humes anschließt.

Damit grenzt sich die ironistische Philosophie im Sinn von Rorty zugleich von Vokabularen ab, die das Selbstverständnis der Bürgerinnen verengen wollen, die abschließende Vokabulare anbieten, die die Mündigkeit der Individuen aufheben, um zum Prinzip der Diskriminierung zurückzukehren.

Man muss dabei dem mechanistischen Vokabular Rorty nicht unbedingt folgen. Aber dass man auch ironistisch genau dazu gelangt, was Rorty damit sagen will, scheint nicht abwegig, nämlich dass Individualismus gerade nicht Solipsismus heißt, sondern nur betont, dass das Individuum hedonistisch selber bestimmen muss, wie es sich in der Welt und gegenüber anderen situiert.

Vor dem Hintergrund von Toleranz, Mündigkeit und dem Diskriminierungsverbot sieht sich die Zeitgenossin in die Verantwortung für andere gerufen, wie auch schon vor Lévinas indirekt Sartre die Verantwortung auf alle ausdehnt und gegenüber allen anderen fordert. Während Herbert Marcuse noch 1949 dergleichen als bürgerlichen Heroismus abgetan hat, koinzidiert die Verantwortung mit Rortys Vorstellung, dass die mechanistische Rückkoppelung der Bürgerin an ihre Mitwelt es möglich macht, dass diese sowohl die Kontingenz als auch die Sterblichkeit nicht als Einsamkeit, sondern als Verantwortung begreift, sie also Existentialismus und Romantik miteinander in Einklang bringt.

Denn diese Romantik stützt sich nicht mehr auf geschichtsphilosophische Konzeptionen. Sie hofft vielmehr darauf, dass sich soziale Probleme bearbeiten lassen, dass man den benachteiligten Zeitgenossinnen, wo immer sie leben, Teilhabemöglichkeiten eröffnen kann, die sowohl wirtschaftlich, sozial, als auch politisch ihre Lage verbessern.

Inwieweit das in Zukunft klappen wird, das lässt sich nicht prognostizieren. Die mündige, verantwortungsvolle Bürgerin kann sich nur darum bemühen mit ungewissem Ausgang, der auch nicht gewisser wird, wenn man marxistischen Interpretationen folgt. Und wie es mit der Demokratie weitergeht, bleibt genauso ungewiss. Aber es könnte zunehmend auf die Zivilgesellschaft ankommen, auf Involutionsprozessen, auf das Engagement der mündigen Zeitgenossin, denn auf Bestrebungen innerhalb der demokratischen Institutionen.

Das entwertet indes keineswegs die repräsentative Demokratie vor allem mit ihren Rechtsstaats- und Verfassungsprinzipien. Als einzige Regierungsform ist die repräsentative

Demokratie bisher in der Lage, Involutionsprozesse zuzulassen, sie aufzugreifen, ja sie vielleicht manchmal auch zu unterstützen, um dadurch für Grund- und Menschenrechte und vor allem für Gewaltenteilung zu sorgen.

Aber Rorty behält recht, wenn er schreibt – und ich darf das Zitat abschließend ob seiner Perspektivik wiederholen, bringt es doch Rortys politische Philosophie auf den Punkt: „Nicht irgendwelche großen, notwendigen Wahrheiten über die menschliche Natur und ihre Beziehung zu Wahrheit und Gerechtigkeit werden darüber bestimmen, welcher Art unsere zukünftigen Führer sind, sondern allein eine Menge kleiner kontingenter Tatsachen." (KIS 304)

LITERATURVERZEICHNIS

Theodor W. Adorno, Minima Moralia – Reflexionen aus dem beschädigten Leben (1951), Gesammelte Schriften Bd. 4, Frankfurt/M. 1997

Ders., Ästhetische Theorie (1970), Frankfurt/M. 1973

Karl-Otto Apel, Transformation der Philosophie, Bd. 2, Frankfurt/M. 1973, 222

Dirk Auer, Politisierte Demokratie. Richard Rortys politischer Antiessentialismus, Wiesbaden 2004

Benjamin Barber, Starke Demokratie (1984), Hamburg 1994

Roland Barthes, Das Neutrum (1977-78). Frankfurt/M. 2005

Simone des Beauvoir, Das andere Geschlecht – Sitte und Sexus der Frau (1949), 5. Aufl. Reinbek 2005

Hauke Brunkhorst, Kritische Theorie und Pragmatismus; in: Thomas Schäfer, Udo Tietz, Rüdiger Zill (Hrsg.), Hinter den Spiegeln – Beiträge zur Philosophie Richard Rortys mit Erwiderungen von Richard Rorty, Frankfurt/M. 2001

Albert Camus, Briefe an einen deutschen Freund (Combat Juli 1943); in: ders., Kleine Prosa, Reinbek 1961

Donald Davidson, Eine Einheitstheorie über Gedanken, Bedeutung und Handlungen (1980); in: ders., Probleme der Rationalität (2004), Frankfurt /M. 2006

Ders., Eine Kohärenztheorie der Wahrheit und der Erkenntnis; in: ders., Richard Rorty, Wozu Wahrheit? – Eine Debatte, Frankfurt/M. 2005

Ders., Ist die Wahrheit ein Ziel der Forschung? Antwort auf Rorty; in: ebd.

Daniel C. Dennett, Von den Bakterien zu Bach – und zurück – Die Evolution des Geistes (2017), Berlin 2018

Jacques Derrida, Grammatologie (1967), Frankfurt/M. 1983

Ders., Die ‚Welt' der kommenden Aufklärung (Ausnahme, Kalkül und Souveränität); in: ders., Schurken – Zwei Essays über die Vernunft (2003), Frankfurt/M. 2003

Ronald Dworkin, Verschiedene Sprachspiele? – Richard Rorty; in: ders., Gerechtigkeit für Igel (2011), Berlin 2012

Michel Foucault, Die Ordnung der Dinge – eine Archäologie der Humanwissenschaften (1966), Frankfurt/M. 1974

Ders., Der Gebrauch der Lüste - Sexualität und Wahrheit 2 (1984), Frankfurt/M. 1989

Nancy Fraser, Vom Regen des progressiven Neoliberalismus in die Traufe des reaktionären Populismus; in: Geiselberger (Hrsg.), Die große Regression – Eine internationale Debatte über die geistige Situation der Zeit, Berlin 2017

Sigmund Freud, Abriss der Psychoanalyse (1938) – Das Unbehagen in der Kultur (1930), Frankfurt/M. 1953

Josef Früchtl, Demokratische und ästhetische Kultur – Folgen der Postmoderne; in: Thomas Schäfer, u.a. (Hrsg.), Hinter den Spiegeln – Beiträge zur Philosophie Richard Rortys, Frankfurt/M. 2001

Jürgen Habermas, Theorie der kommunikativen Handelns, Bd. 1, Frankfurt/M. 1981

Ders., Wahrheit und Rechtfertigung – Zu Richard Rortys pragmatischer Wende; in: ders., Wahrheit und Rechtfertigung – Philosophische Aufsätze, Frankfurt/M. 1999

Ders., Jürgen Habermas, Noch einmal: Zum Verhältnis von Theorie und Praxis; in: ebd.

G.W.F. Hegel, Vorlesungen über die Philosophie der Geschichte (1822-32), Theorie Werkausgabe Bd. 12, Frankfurt/M. 1970

Otfried Höffe, Lebenskunst und Moral oder macht Tugend glücklich? München 2007

Simon Ings, Triumph und Tragödie – Stalin und die Wissenschaftler (2016), Hamburg 2018

Immanuel Kant, Kritik der praktischen Vernunft (1788), Akademie Textausgabe Bd. V, Berlin 1968

Matthias Kettner, Rortys Restbegründung der Menschenrechte. Eine Kritik; in: Thomas Schäfer, u.a. (Hrsg.), Hinter den Spiegeln – Beiträge zur Philosophie Richard Rortys, Frankfurt/M. 2001

Thomas S. Kuhn, Die Struktur wissenschaftlicher Revolutionen (1961), Frankfurt/M. 1973

Emmanuel Lévinas, Totalität und Unendlichkeit – Versuch über Exteriorität (1961), Freiburg, München 1987

Jean-François Lyotard, Das postmoderne Wissen (1979), 3. Aufl. Wien 1994

Ders., Der Widerstreit (1983: Le Différend), München 1987

Alasdair MacIntyre, Verlust der Tugend – Zur moralischen Krise der Gegenwart (1981), Frankfurt/M. 1987

Gabriel Marcel, Sein und Haben (1935), 2. Aufl. Paderborn 1968

Odo Marquard, Sola divisione individuum. Betrachtungen über Individuum und Gewaltenteilung (1988); in: ders., Individuum und Gewaltenteilung – Philosophische Studien, Stuttgart 2004

Paul Mason, Postkapitalismus – Grundrisse einer kommenden Ökonomie, Berlin 2016

Maurice Merleau-Ponty, Humanismus und Terror 1 (1947), 2. Aufl. Frankfurt/M. 1968

Ders., Jean-Paul Sartre, Leitartikel; in: Les Temps Modernes, Nr. 1, Januar 1950

Martin Müller, Private Romantik, öffentlicher Pragmatismus? Richard Rortys transformative Neubeschreibung des Liberalismus, Bielefeld 2014

Friedrich Nietzsche, Also sprach Zarathustra (1882-84), Kritische Studienausgabe (KSA) Bd. 4, München, Berlin, New York 1999

Ders., Götzen-Dämmerung oder Wie man mit dem Hammer philosophiert (1888), KSA Bd. 6.

Jacques Rancière, Das Unvernehmen – Politik und Philosophie (1995), Frankfurt/M. 2002

John Rawls, Eine Theorie der Gerechtigkeit (1971), Frankfurt/M. 1979

Ders., Gerechtigkeit als Fairness: politisch nicht metaphysisch (1985); in: ders., Die Idee des politischen Liberalismus (Aufsätze 1978-1989), Frankfurt/M. 1992

Paul Ricœur, Hermeneutik und Strukturalismus – Der Konflikt der Interpretationen I (1969), München 1973

Richard Rorty, Kontingenz, Ironie und Solidarität (1989), 2. Aufl. Frankfurt/M. 1993, 47 (abgekürzt: KIS)

Ders, Der Spiegel der Natur – Eine Kritik der Philosophie (1979), Frankfurt/M. 1987

Ders., Solidarität oder Objektivität? Drei philosophische Essays (1983/4), Stuttgart 1988

Ders., Eine Kultur ohne Zentrum – Vier philosophische Essays (1991), Stuttgart 1993

Ders., Die Kontingenz der philosophischen Probleme; in: ders., Wahrheit und Fortschritt (1998), Frankfurt/M. 2000

Ders., Die glücklich abhandengekommene Welt; in: Donald Davidson, Richard Rorty, Wozu Wahrheit? – Eine Debatte, Frankfurt/M. 2005

Ders., Replik auf Davidson; ebd.,

Ders., Gianni Vattimo: Die Zukunft der Religion, hrsg. v. Santiago Zabala, Frankfurt/M. 2006

Bertrand Russell, Probleme der Philosophie (1912), Frankfurt/M. 1967

Ders., Warum ich kein Christ bin (1927), Hamburg 1963

Thomas Schäfer, Politisches Engagement ohne philosophische Begründung? Rorty politisches Denken zwischen Ethnozentrismus, Relativismus, Habermas und Foucault; in: Thomas Schäfer, u.a. (Hrsg.), Hinter den Spiegeln – Beiträge zur Philosophie Richard Rortys, Frankfurt/M. 2001

Hans-Martin Schönherr-Mann, Die Technik und die Schwäche – Ökologie nach Nietzsche, Heidegger und dem 'schwachen Denken', Vorwort v. Gianni Vattimo, Edition Passagen, Wien 1989

Ders., Von der Schwierigkeit, Natur zu verstehen – Entwurf einer negativen Ökologie, S. Fischer-Verlag, Reihe Perspektiven, Frankfurt/M. 1989

Ders., Politik der Technik – Heidegger und die Frage der Gerechtigkeit, Edition Passagen, Wien 1992

Ders., Leviathans Labyrinth – Politische Philosophie der modernen Technik – Eine Einführung, Wilhelm Fink Verlag, München 1994

Ders., Postmoderne Perspektiven des Ethischen – Politische Streitkultur, Gelassenheit, Existentialismus, Wilhelm Fink Verlag, München 1997

Ders. Politischer Liberalismus in der Postmoderne - Zivilgesellschaft, Individualisierung, Popkultur, Wilhelm Fink Verlag München 2000

Ders., Das Mosaik des Verstehens – Skizzen zu einer negativen Hermeneutik, edition fatal München 2001

Ders., Der Übermensch als Lebenskünstlerin – Nietzsche, Foucault und die Ethik, Matthes & Seitz Berlin 2009

Ders., Globale Normen und individuelles Handeln – Die Idee des Weltethos aus emanzipatorischer Perspektive, Königshausen & Neumann Würzburg 2010

Ders., Die Macht der Verantwortung, Alber Freiburg, München 2010

Ders., Was ist politische Philosophie? Campus Frankfurt/M., New York 2012

Ders., Gewalt, Macht, individueller Widerstand – Staatsverständnisse im Existentialismus, Bd. 77 Reihe Staatsverständnisse, Nomos Baden-Baden 2015

Ders., Albert Camus als politischer Philosoph, Innsbruck University Press 2015

Ders., Untergangsprophet und Lebenskünstlerin – Über die Ökologisierung der Welt, Matthes & Seitz Berlin 2015

Ders., Involution oder Revolution – Vorlesungen über Medien, „Bildung und Politik" an der Universität Innsbruck 2013-17, BoD Norderstedt 2017

Ders., Das Blau des Sprachspiels – Wittgenstein und die politische Philosophie – Vorlesungen am Geschwister-Scholl-Institut 2003/2004, BoD Norderstedt 2017

Ders., Michel Foucault als politischer Philosoph, Innsbruck Universitys Press 2018

Ders., Dekonstruktion als Gerechtigkeit – Jacques Derridas Staatsverständnis und politische Philosophie, Bd. 126 Reihe Staatsverständnisse, Nomos Baden-Baden 2019

Christian Schwaabe, Politische Theorie – Von Platon bis zur Postmoderne, 4. Aufl. Paderborn 2018

Judith Shklar, Ganz normale Laster (1984), Berlin 2014

Peter Sloterdijk, Was geschah im 20. Jahrhundert? Unterwegs zu einer Kritik der extremistischen Vernunft, Berlin 2016

Leo Strauss, What is Political Philosophy? and other studies, New York, London 1959

Wolfgang Streeck, Gekaufte Zeit – Die vertagte Krise des demokratischen Kapitalismus, Berlin 2013

Charles Taylor, Negative Freiheit – Zur Kritik des neuzeitlichen Individualismus (1985), Frankfurt/M. 1988

Udo Tietz, Das *principle of charity* und die ethnozentristische Unterbestimmung der hermeneutischen Vernunft; in: Thomas Schäfer, u.a. (Hrsg.), Hinter den Spiegeln – Beiträge zur Philosophie Richard Rortys, Frankfurt/M. 2001

Michael Tomasello, Eine Naturgeschichte des menschlichen Denkens, Berlin 2014

Ernst Tugendhat, Vorlesungen über Ethik, Frankfurt/M. 1993

Ders., Anthropologie als erste Philosophie (2003); in: ders., Anthropologie statt Metaphysik, 2. erweiterte Aufl. München 2010

Gianni Vattimo, Jenseits der Interpretation – Die Bedeutung der Hermeneutik für die Philosophie (1994), Frankfurt, New York 1997

Ders., Das Zeitalter der Interpretation; in: Richard Rorty, Gianni Vattimo: Die Zukunft der Religion, Frankfurt/M. 2006

Ludwig Wittgenstein, Tractatus logico-philosophicus (1921), Werkausgabe Bd. 1, Frankfurt/M. 1984

Slavoj Žižek, Die populistische Versuchung; in: Heinrich Geiselberger (Hrsg.), Die große Regression – Eine internationale Debatte über die geistige Situation der Zeit, Berlin 2017

.

PERSONENREGISTER

Theodor W. ADORNO 43, 51, 139 f, 164

Giorgio AGAMBEN 169

Karl-Otto APEL 35, 164

Hannah ARENDT 143, 150, 169

ARISTOTELES 49, 59, 63, 81, 121

Benjamin BARBER 37

Roland BARTHES 18

Simone de BEAUVOIR 95, 100

Samuel BECKETT 140

Hauke BRUNKHORST 164, 166

Nikolai Iwanowitsch BU-CHARIN 83

Charles BUKOWSKI 139

Albert CAMUS 95, 141 f, 150

Bill CLINTON 178

Donald DAVIDSON 62 f, 65-71, 76, 79

Daniel C. DENNETT 67, 104 f

Jacques DERRIDA 24, 47, 55 ff, 61 f, 78, 107, 109, 118, 125-130, 137, 173, 182

John DEWEY 31, 42, 45, 55, 84

Michael DUMMETT 66

Ronald DWORKIN 167 f

Umberto ECO 120

Amitai ETZIONI 37

Michel FOUCAULT 23, 55 ff, 61 f, 76, 85 f, 88 ff, 115 f, 118 f, 130, 151, 182

Nancy FRASER 40

Sigmund FREUD 32, 73, 78- 82, 152

Josef FRÜCHTL 169

Hans-Georg GADAMER 31

Michail Sergejewitsch GORBATSCHOW 142

Jürgen HABERMAS 35, 45 f, 55, 57, 60 ff, 75, 85 ff, 104, 108 f, 116, 164 ff, 171

Friedrich August von HAYEK 47

Georg Wilhelm Friedrich HEGEL 65, 73, 90, 107, 109, 119, 122, 146

Martin HEIDEGGER 28-31, 47, 77, 107, 117, 119-122, 125 f, 128 f, 140

Werner HERZOG 139

Thomas HOBBES 50, 73

Otfried HÖFFE 170

Hans-Hermann HOPPE 38

David HUME 184

Simon INGS 145

William JAMES 31, 68 f

Immanuel KANT 73-79, 81, 94, 106, 113, 152

KARL I. (England) 59

John F. KENNEDY 14

Matthias Kettner 169 f

Klaus KINSKI 139

Thomas S. KUHN 91

Milan KUNDERA 52

Emmanuel LEVINAS 56, 95, 155, 182, 184

Jean-François LYOTARD 24, 44 f, 56, 118, 131, 182

Alasdair MACINTYRE 40

Gabriel MARCEL 52, 99

Herbert MARCUSE 184

Odo MARQUARD 183

Karl MARX 23, 54, 93, 106, 147, 170

Paul MASON 171

Maurice MERLEAU-PONTY 83, 141

John Stuart MILL 93

Chantal MOUFFE 23

Martin Müller 171

Vladimir NABOKOV 133, 135, 137 f, 140 f

Isaac NEWTON 59, 63 f

Friedrich NIETZSCHE 28 ff, 55, 57 f, 72, 76 f, 80 f, 85 f, 89, 102, 107, 116 f, 118 ff, 122, 137, 152

Richard NIXON 40

Robert NOZICK, 38

George ORWELL 141-146, 150

Henning OTTMANN 36

Blaise PASCAL 100

Pier Paolo PASOLINI 140

PAULUS von Tarsus 67

Charles Sanders PEIRCE 68

PLATON 22, 57, 73 ff, 138, 164

Karl Raimund POPPER 165

Marcel PROUST 117, 119, 129, 137

Hilary PUTNAM 66

Willard Van Orman QUINE 66

Jacques RANCIERE 135 f, 169

Joseph RATZINGER / BENEDIKT XVI. 69

John RAWLS 21, 23, 35-38, 40 ff, 50, 54 f, 57, 61 f, 75, 84, 94

Ronald REAGAN 13, 178

Paul RICŒUR 172

Jean-Jacques ROUSSEAU 73

Bertrand RUSSELL 25, 59

Jean-Paul SARTRE 31, 52, 89 f, 95, 99, 141, 169, 184

Thomas SCHÄFER 163

Oskar SCHINDLER 154

Carl SCHMITT 14, 21, 114

Joseph SCHUMPETER 19

Christian SCHWAABE, 61, 80, 173

Wilfrid SELLARS 154

Judith SHKLAR 13, 53, 133 f, 149

Georg SIMMEL 78

Peter SLOTERDIJK 39, 114

SOKRATES 57

Josef Wissarionowitsch STALIN 83, 143

Leo STRAUSS 21 ff, 36, 40, 114, 153

Wolfgang STREECK 95

Charles TAYLOR 41

Margaret THATCHER 13

Udo TIETZ 173

Michael TOMASELLO 171

Lew Dawidowitsch TROTZKI 83

Donald TRUMP 14, 40

Ernst TUGENDHAT 156, 172

Gianni VATTIMO 25-30, 58, 161, 168, 182

Nikolai WAWILOW 145

Max WEBER 25

Ludwig WITTGENSTEIN 24
f, 42, 56, 60, 62, 77, 127

Crispin WRIGHT 67

Slavoj ŽIŽEK 16